Serie Bases Bíblicas   Libro 2

el verdadero
CRISTIANISMO

FRANK Y NOLA
WARREN

CASA
CREACIÓN

La mayoría de los productos de Casa Creación están disponibles a un precio con descuento en cantidades de mayoreo para promociones de ventas, ofertas especiales, levantar fondos y atender necesidades educativas. Para más información, escriba a Casa Creación, 600 Rinehart Road, Lake Mary, Florida, 32746; o llame al teléfono (407) 333-7117 en Estados Unidos.

El verdadero cristianismo por Frank y Nola Warren
Publicado por Casa Creación
Una compañía de Charisma Media
600 Rinehart Road
Lake Mary, Florida 32746
www.casacreacion.com

A menos que se indique lo contrario, los textos bíblicos han sido tomados de la versión Reina-Valera © 1960 Sociedades Bíblicas en América Latina; © renovado 1988 Sociedades Bíblicas Unidas. Utilizado con permiso. Reina-Valera 1960™ es una marca registrada de la American Bible Society, y puede ser usada solamente bajo licencia.

El texto bíblico indicado "NVI" ha sido tomado de la Santa Biblia, Nueva Versión Internacional® 1999 por Bíblica, Inc.® Usado con permiso. Todos los derechos reservados mundialmente.

Director de Diseño: Bill Johnson
Diseño de portada por: Justin Evans

Library of Congress Control Number: 2013935873
ISBN: 978-1-62136-178-7
E-Book ISBN: 978-1-62136-182-4

Impreso en los Estados Unidos de América
13 14 15 16 17 * 6 5 4 3 2 1

DEDICATORIA

Dedicado a todos nuestros alumnos de los dos lados de la frontera, quienes ahora están predicando el evangelio en todo el mundo. Gracias por ser parte de la visión. Ustedes enriquecieron nuestras vidas.

—FRANCISCO Y NOLA WARREN

A la memoria de Frank Warren
(1932-2006)

AGRADECIMIENTOS

MUCHAS GRACIAS A las personas que ayudaron hacer esta obra posible, especialmente a las que transcribieron las grabaciones de Francisco Warren a manuscrito, y editaron toda la obra para poder tener las clases en esta forma.

Un agradecimiento especial a Blanca Aguilera, Gloria Quiñones y Nolita Warren de Theo.

Gracias a mi asistente, Adriana Zavala, quien me ayudó con muchos detalles para poder tener tiempo de trabajar en este libro.

CONTENIDO

PRÓLOGO

HE TENIDO LA experiencia de conocer a muchas personas hambrientas por conocer y estudiar la Palabra de Dios, pero pocas como Francisco Warren. Cuando él llegó a mi vida, yo solo tenía 5 años de edad. Se casó con mi mamá, varios años después que hubo muerto mi padre biológico, dejando viuda a mi madre, a mis escasos dos años de vida. El impacto que tuvo este caballero en mi vida es incalculable. Sin embargo, puedo decir, a ciencia cierta, que uno de los resultados más importantes de haber sido mi papá por 39 años, es el amor y la pasión que me inculcó por la Palabra de Dios.

A mi papá le encantaba hablar de la Biblia, leerla, meditarla y, en muchísimas ocasiones, discutirla por largas horas con sus colegas y amigos. Mucha de mi formación bíblica inicial, fue estar sentado en la mesa del comedor de la casa, escuchando a mi papá y los demás adultos hablar por horas sin fin, acerca de los múltiples y diversos temas de la Biblia, fueran sencillos o complicados. Lo que más admiré de él, fue su capacidad de mantener un equilibrio estable entre las posiciones extremas que algunos tienden a tomar con respecto a algunas enseñanzas bíblicas. En muchas ocasiones me enseñó a buscar el buen balance que hay en el estudio de la Biblia. Me exhortó a mantenerme lejos de los extremos. Me decía que los extremos eran como la hierba mala en un jardín que le chupa la vida a las flores, restándole belleza y futuro.

Además del arte de balance, me enseñó a buscar maneras sencillas de explicar la Biblia. En lugar de buscar las grandes palabras o los elocuentes ejemplos, Don Francisco se iba a lo más básico, a lo elemental, con el fin de dar a conocer los principios puros. Su filosofía era sencilla: ¿De qué me sirve enseñar algo que nadie puede entender, por haberles fallado en la explicación? De esta manera, usaba ilustraciones de la vida cotidiana, con la cual el oyente se sentía identificado, permitiéndole la entrada al principio espiritual y nada más. ¡Brillante!

Me emociona que han transcrito muchas de sus enseñanzas en esta serie de libros, ya que estoy seguro que servirán para la edificación y educación cristiana de la Iglesia actual. Hoy día, no sería quien soy sin el aporte de Francisco Warren en mi vida. Ahora, a través de estas enseñanzas, usted también podrá recibir el impacto de su manera balanceada, sencilla y digerible de enseñar la Palabra de Dios.

Que le haga buen provecho.

—Marcos Witt
Houston, Texas

PREFACIO

Durante sus 39 años de ministerio en México, Francisco Warren no solamente era el fundador y pastor de varias iglesias, sino que también era el director del Instituto Bíblico Bethel, en Durango, México. Él amaba la Palabra de Dios más que nada y pasó horas enteras escudriñando las Escrituras para hallar otra pepita de oro allí escondida. Por eso, fue uno de los mejores maestros de la Biblia que jamás haya conocido.

De las clases que él dío en el instituto bíblico, surgieron los estudios que usted encontrará en este libro. Pudimos grabar muchas de ellas, mientras él estaba enseñando en el salón de clases, con las cuales pudimos sacar esta *Serie de bases bíblicas*.

Nuestra esperanza es que estas enseñanzas sean de bendición para cada uno de ustedes como lo fueron para aquellos que estuvimos oyéndolas en vivo, con el pastor Francisco.

—Nola Warren

TRASFONDO HISTÓRICO

L A CARTA DE Primera de Juan fue escrita por Juan, el apóstol. También se conocía como "el apóstol amado". Fue el único apóstol que no abandonó a Jesús en la crucifixión, y lo siguió hasta la cruz. También es el apóstol a quien Cristo encargó el bienestar de su madre, María.

Jesús era el hijo mayor de María y, como tal, era su responsabilidad asegurar el bienestar de su madre (quien era viuda) después de su muerte. Juan es la persona con quien deja encargada su madre. "Junto a la cruz de Jesús estaban su madre, la hermana de su madre, María la esposa de Cleofás, y María Magdalena. Cuando Jesús vio a su madre, y a su lado al discípulo a quien el amaba, dijo a su madre: Mujer, ahí tienes a tu hijo. Luego dijo al discípulo: Ahí tienes a tu madre. Y desde aquel momento ese discípulo la recibió en su casa" (Juan 19:25-27, NVI).

Otro dato interesante es que Juan, el apóstol, es el único de los apóstoles que murió una muerte natural de vejez y no fue martirizado. Y al final de su vida es cuando escribe el libro del Apocalipsis, estando en la isla de Patmos.

Muchas personas confunden a Juan el apóstol con Juan el Bautista, pero Juan el Bautista nació unos seis meses antes que Jesús y era primo de Jesús, porque sus madres, María y Elisabeth, eran primas. Juan el Bautista murió por la mano de Herodes, antes de la crucifixión de Jesús por la promesa que Herodes hizo a la hija de Herodías (ver Mateo 14:6-12).

INTRODUCCIÓN

LA CARTA DE Primera de Juan fue escrita en la última parte de la vida de Juan cuando estaba viviendo en Éfeso. Se piensa que sería entre el 85 y 95 d.C., un poco antes de ser enviado a la isla de Patmos donde murió. Siendo que no hay salutación, ni despedida, a ninguna persona en particular, se acepta que el libro fue dirigido a la Iglesia en general. El estilo de la carta nos confirma que fue escrita a todas las iglesias.

Podemos ver tres temas principales:

1. La encarnación. Juan escribió esta carta para prevenir a los cristianos de los falsos maestros que negaban que Jesús había venido en la carne (vea 2:22; 4:2-3). Una filosofía conocida como el gnosticismo se estaba infiltrando en la Iglesia. El peligro de esta filosofía es que negaban que Jesús había venido en forma de hombre, pero que era sólo un espíritu, como un fantasma, que aparecía de vez en cuando en distintos lugares.

2. El amor. El mensaje prevalente de Primera de Juan es su llamado al amor (vea 3:11,23: 4:11,21). Juan enseñó que el verdadero amor solamente puede manifestarse cuando Dios vive en nosotros, porque todo amor genuino viene de Dios.

3. La seguridad de los cristianos. Juan nos asegura que los cristianos pueden estar seguros en que Jesús es el Hijo de Dios; que nosotros tenemos la vida eterna por medio de él; que Dios nos oye y responde cuando oramos; que no estamos bajo las ataduras del pecado, y que somos hijos de Dios.

No contamos con otro libro en la Biblia que tenga un mensaje tan fuerte sobre la necesidad de perdonar, andar en amor con todos nuestros hermanos, hasta el punto que Juan dice que si uno dice que ama a Dios y no ama a su hermano, es mentiroso y la verdad no está en él (ver 1 Juan 4:20). La principal señal de un hijo de Dios es su amor por Dios y los demás, no sólo en palabra, sino también en sus acciones. Toda la carta es un llamado al amor y al perdón. En realidad, contiene el corazón de la vida cristiana.

Primera de Juan
CAPÍTULO 1

Si decimos que tenemos comunión con él, y andamos en tinieblas, mentimos, y no practicamos la verdad; pero si andamos en la luz, como él está en la luz, tenemos comunión unos con otros... (1 Juan 1:6-7).

En la carta de 1 Juan encontramos las pruebas o las muestras del cristianismo verdadero. Nos enseña que existe una comunión falsa si decimos que tenemos comunión con Cristo y andamos en tinieblas. Caminar en tinieblas es no amar a su hermano, y esto es a cualquier hermano. Se podría decir que contiene el corazón de todo el evangelio: el amor. Al tener comunión con Dios, deben haber ciertas señales o evidencias y en su carta, Juan nos muestra con claridad cuáles deberían ser. La mayor de éstas es el amor, y junto con el amor se tiene que hablar del perdón. La evidencia más contundente de nuestra relación y comunión con Jesús.

Creo que es así porque es un área en la que todos nosotros, sin importar edad, tiempo en los caminos del Señor, madurez espiritual, enfrentamos situaciones que prueban nuestro amor y nuestro compromiso con Jesús y con su Iglesia.

Hay veces cuando las personas más cerca a nosotros son las personas de las cuales recibimos la mayor cantidad ofensas. Sin embargo, tenemos que amarlas, y el amor abarca muchas cosas, incluyendo no guardar rencor. Vayamos a 1 Corintios 13 para aprender más de este asunto de amar a nuestro hermano.

Al leer en 1 Corintios 13 sobre la necesidad de amar a las personas que nos ofenden, podemos estar de acuerdo sin saber realmente cómo se practica esto de amar a nuestro hermano y prójimo. Oímos muchas veces: "Tiene que amar, tiene que amar, tiene que amar". Pero, ¿qué es el amor? No entendemos qué es el amor y si no entendemos lo que es, ¿cómo podremos realmente amar a las demás personas? Muchos piensan que el amor es abrazar a otra persona, o besar a la novia o tomarse de la mano de alguien. Estas cosas pueden ser una expresión del amor, pero no son el amor.

Por ejemplo, en 1 Corintios 13, la Biblia dice que el amor es *sufrido*. Cuando una señorita quiere casarse, está bien que se case, pero ella va a sufrir. ¿Por qué va a sufrir? Porque ningún hombre, ni ninguna mujer, son perfectos, aunque así se piensa cuando están en el noviazgo. Cuando yo pedí la mano de la hermana Nola en matrimonio, habíamos pasado un total de tres días juntos, o sea en la misma ciudad. Ella me respondió: "Tú no me conoces". Yo respondí: "No me importa. Quiero casarme contigo de todos modos". Yo descubrí que ella tenía razón. Yo no la conocía. Yo estaba enamorado, pero no la conocía. Dios me había dicho: "Ella es la mujer con quien te vas a casar, así que ¡ándele! ¡Manos a la obra!". Ella se había quedado en México después de la muerte de su primer esposo, sola, con tres hijos, haciendo la obra del Señor, y yo no sabía que ella había gastado toda su energía, trabajando en la obra día y noche y que ella me necesitaba. Yo no estaba pensando en nada de eso. Sólo pensaba en que yo estaba enamorado y quería casarme con ella. También tenía presente el pensamiento de que el Señor me había dicho: ¡Adelante! Ella quería esperar un año para que nos conociéramos y para poder ella escribir un libro. Pero, yo no quería esperar y le dije a ella: "Puedes escribir todos los libros que quieras, pero ¡vamos a casarnos!". Sin embargo, era la mano de Dios que me estaba empujando a casarme con ella y por eso nos casamos en cuatro meses. El amor es *sufrido*.

También la Biblia dice que el amor es *benigno*. Les voy a dar un ejemplo. Yo tuve que hacer un arrepentimiento cierta noche. Yo estaba viendo la televisión y estuve muy enfocado en ver las noticias. Nola necesitaba que yo la ayudara a hacer algo y me estaba esperando. Yo no tenía ganas de hacer nada. Habían llegado los padres de ella, y pensé que entre todos ellos podían hacer lo que se necesitaba y que yo no necesitaba dejar de ver mis noticias para ayudarlos. Pobrecita, mi esposa tuvo que ir al auto y bajar las maletas de sus papás. Mis suegros son ancianos y no pueden bajar sus propias maletas, por eso Nola tuvo que hacerlo.

El siguiente día por la mañana, yo estaba orando y buscando la voluntad de Dios para el día y el Señor me preguntó: "¿Y tu esposa?". Lo primero que hice fue ir con mi esposa y decirle: "Mi amor, perdóname. Yo fui tan irritante anoche". ¿Sabe lo que pasó? Ella me perdonó. El amor es *sufrido*. El amor es *benigno*.

La Biblia dice que el amor *no es jactancioso*. No dice: "Yo. Yo. Yo". ¡No! El amor dice: "Tú. Tú. Tú".

El amor *no se envanece*.

El amor *no hace nada indebido*,

No busca lo suyo,

y no se irrita.

¡Ay, Dios mío! Vivir con una mujer (o con un hombre) y no irritarse es casi imposible...pero, con Dios todo es posible.

El amor *no guarda rencor*.

El amor *perdona*.

El amor *nunca deja de ser*.

Esto es el amor. Cuando hablamos de la necesidad de amar, estamos hablando de la necesidad de aguantar (soportar), perdonar, ayudar y cuidar. El amor cuesta algo. Le costará tiempo, dinero, energía...y muchas cosas más.

Si no andamos en amor con nuestros hermanos, andamos en tinieblas. Si andamos en tinieblas no tenemos comunión con Dios.

> **Si decimos que no tenemos pecado, nos enga-
> ñamos a nosotros mismos, y la verdad no está en
> nosotros (1 Juan 1:8).**

Este verso está hablando de una **santificación falsa**. Algunos dicen: "Yo he sido santificado y no hay nada de pecado en mi vida". Sin embargo, al hacer una declaración así, es evidencia de la presencia de nuestra naturaleza pecaminosa. También es evidencia de que no estamos siendo honestos y sinceros ni con Dios ni con los demás.

Mala cosa es negar que se tenga una naturaleza pecaminosa y no tratar con esa naturaleza. ¿Cómo podemos hacer que esta naturaleza muera? ¿En qué lado de la vida está la naturaleza pecaminosa? ¿Está a la izquierda? ¿Derecha? ¿Abajo? ¿Arriba? ¿Dónde se encuentra la naturaleza pecaminosa? No sabemos dónde está la naturaleza pecaminosa, pero sí sabemos que debemos hacer que muera. Esto solamente se hace por fe en la Palabra de Dios. La Palabra de Dios dice que por medio de grandísimas y preciosas promesas somos participantes de la naturaleza divina. *Por medio de las cuales nos ha dado preciosas y grandísimas promesa, para que ellas llegaseis a ser participantes de la naturaleza divina, habiendo huido de la corrupción que hay en el mundo a causa de la concupiscencia* (2 Pedro 1:4).

La Biblia nos dice en Romanos capítulo ocho, que si no logramos que muera lo carnal en nosotros, nosotros mismos vamos a morir. *"[...] porque si vivís conforme a la carne, moriréis; mas si por el Espíritu hacéis morir las obras de la carne, viviréis"* (Romanos 8:13). ¿Estamos dejando que muera lo carnal en nuestras vidas? Esto es la verdadera obra de la santificación que hace el Espíritu Santo en nosotros. Debemos orar de esta manera: "Señor, tú prometiste dominar el pecado que hay en mi vida". Romanos 6:14 dice: *"El pecado no se enseñoreará de nosotros porque estamos bajo la gracia"*. La gracia es el favor de Dios, un favor que no merecemos.

Si la naturaleza pecaminosa está en el corazón. ¿Dónde está el corazón? ¿Es el corazón lo que está bombeando la sangre por nuestros cuerpos, o qué? No sabemos dónde está el corazón; no sabemos dónde está el alma. Son elementos del mundo espiritual, un mundo que no entendemos con estos sentidos físicos, y por esta causa tenemos que confiar en Dios respecto de ellos. Lo que sí sabemos es que son verdades con las que tenemos que tratar cada día. La Biblia también dice: *"Este es el pacto que haré con ellos. Después de aquellos días, dice el Señor: Pondré mis leyes en sus corazones, y en sus mentes las escribiré"* (Hebreos 10:16). Muchas veces cuando me encuentro ante alguna tentación digo: "Señor, tú prometiste escribir tus leyes en mi corazón", y soy librado de la tentación. No somos presos del pecado. Podemos dominar y hacer que el pecado muera en nuestras vidas por medio de creer activamente, tener fe, en las promesas y Palabra de Dios.

Pero muchas veces decimos: "Ahí viene la tentación otra vez, pero bueno, cada uno tiene sus debilidades y faltas, ¿verdad? Así que no es el fin del mundo si peco un poco en esta ocasión". Sí es cierto que todos tenemos debilidades, pero también es verdad que debemos procurar que todas las debilidades y faltas mueran cada día en nuestras vidas por medio de las promesas de Dios. Muchas veces nos ponemos de acuerdo con Satanás y hacemos un plan contra Dios al hacer declaraciones como: "No puedo resistir la tentación". Dios nos ha dado a todos las herramientas y el poder necesario para ser santificados. Hace falta saber cuáles son y entonces utilizarlas eficazmente. Debemos conocer las promesas de Dios y cómo recibirlas como verdad en nuestra vida.

Así que, el que dice: "Yo no tengo naturaleza pecaminosa",

está confiando en una santificación falsa. Uno que dice: "Yo no tengo tentaciones", está viviendo una mentira.

> *Si decimos que no hemos pecado, le hacemos a él mentiroso, y su palabra no está en nosotros (1 Juan 1:10).*

Tengamos cuidado de no caer en la tentación de vernos como personas que ya no tienen una naturaleza capaz de pecar, o sea, santificada. Tener esa clase de actitud sólo hará más fácil caer en la trampa del enemigo.

Una mañana yo estaba tratando de olvidar que estaba irritado con mi preciosa esposa, pero Dios no me lo permitió. Yo tuve que ir con ella y pedirle un perdón. Yo hubiera podido decir: "Ah, esto no es pecado (el estar irritado con mi esposa)". Pero, sí es pecado. ¿Qué dice tocante al amor? El amor no se irrita. Yo estaba irritado. Por fuera me estaba controlando mucho, pero por dentro, me sentía muy irritado. Hasta se podría decir que me sentía enojado. Esto es pecado porque es lo opuesto a lo que la Palabra me manda: amar a mi esposa.

Sigamos con *la fidelidad falsa*. El que dice: "Yo ando con Dios. Toda la mañana estoy en la presencia de Dios; yo conozco a Dios. Él me habla y yo le hablo. Nosotros andamos juntos, nos conocemos", y luego no guarda sus mandamientos, él es mentiroso y la verdad no está en él. *"El que dice: Yo le conozco, y no guarda sus mandamientos, el tal es mentiroso, y la verdad no está en él"* (1 Juan 2:4). ¿Qué significa no guardar sus mandamientos? Es obedecerlos. ¿Pero cuáles mandamientos debo obedecer? Pues, si no ama a su hermano, no está guardando ninguno de los mandamientos de Dios. Si desobedecemos o rompemos uno, somos culpables de desobedecer todos. El amar a Dios y amar a su prójimo como a sí mismo, éste es el mandamiento que cubre todos los mandamientos, toda la ley, de la Biblia.

"El que dice que está en la luz, y aborrece a su hermano, está todavía en tinieblas" (1 Juan 2:9). Este verso es muy claro pero como humanos, siempre buscamos maneras de esquivar una obediencia completa. Por ejemplo, en México no aborrecemos a nuestros hermanos. Nunca usamos la palabra "aborrecer", pero sí decimos que "no me cae bien" o "me cae mal". ¿Sabe una cosa? Yo estoy convencido de que es lo mismo. Tenga cuidado con esta costumbre que tenemos de cambiar las palabras para apaciguar nuestra conciencia, cuando en realidad la intención es la misma. Por eso es tan importante permitir que el Espíritu Santo nos escudriñe, como lo dijo el salmista en el Salmo 51. Debemos tomar tiempo para permitir que la luz de su Palabra penetre hasta lo más profundo de nuestro corazón, pensamientos, intenciones, luchas y dudas. Sólo así podremos entregar todo a Él para disfrutar de la obra que su Espíritu entonces podrá realizar en nosotros.

Esta es *la conducta falsa*. Acabamos de leer que el que dice que está en la luz y aborrece a su hermano todavía está en tinieblas. También es conducta falsa si decimos: "Bueno, yo tengo problemas con algunos de mis hermanos, pero yo quiero decirle que yo amo a Dios con todo mi corazón".

Si alguno dice que ama a Dios, pero también que hay un hermano que "no le cae bien", es lo mismo que aborrecer a su hermano y la Biblia dice que el que aborrece a su hermano es mentiroso, porque: *"Si alguno dice: Yo amo a Dios, y aborrece a su hermano, es mentiroso. Pues el que no ama a su hermano a quien ha visto, ¿cómo puede amar a Dios a quien no ha visto?"* (1 Juan 4:20).

Es una pregunta, y la respuesta es que es imposible amar a Dios y no amar a nuestro prójimo porque el amor es de Dios. ¿Nos podemos imaginar que Dios siembra amor en nuestros corazones para amarlo a Él y no amar al mismo tiempo toda su creación, incluyendo a nuestro hermano? Es como si uno viniera a mí para decir: "Francisco, te amo mucho, pero a tu esposa y tus hijos no los aguanto". ¡Nooo! Alguien que me dice esto no me ama, porque debe amar a mi esposa y a mis hijos también. Si amamos a una persona, amaremos también a sus hijos.

Una vez yo le dije a un hermano: "Sus hijos son muy traviesos". Éramos muy amigos y yo pensaba que podía hacer un comentario de esta clase de sus hijos. ¿Sabe lo que él me dijo? "Yo no sabía que mis hijos estaban haciendo cosas malas a mi espalda. Yo creo que mis hijos son tan buenos como los demás". Ahora yo tendría que ponerme de acuerdo con él, pero en aquel entonces llegué a pensar: "Sus hijos son traviesos y los míos son perfectos, son ángeles de Dios". Sin embargo, he aprendido desde aquel entonces que los hijos pueden hacer muchas cosas a la espalda del padre. Yo crié a nuestros hijos con una mano fuerte y cuando estaban en mi presencia se portaban bien, pero a mis espaldas solamente Dios sabe cómo se portaban. Hasta el día de hoy, mi esposa y yo nos seguimos dando cuenta de cosas que nuestros hijos hicieron muchos años atrás. Tengo que decirle que los hijos sí son capaces de portarse mal cuando no están con usted.

Ya hemos establecido la importancia de practicar un

verdadero amor en nuestra relación con Dios y con los hermanos. Ahora quiero hablar un poco sobre lo que nos enseña sobre cómo formar una familia saludable espiritual. De la misma forma que contamos con un Padre celestial, contamos con una familia espiritual.

Dios está formando una familia para toda la eternidad, y es por eso que es de suma importancia andar en el amor, porque como ya he dicho en otras ocasiones, no hay nada más gozoso que una familia en armonía. Pero si hay problemas o pleitos entre los miembros de la familia, todo el gozo termina. Debe haber comunión entre la familia espiritual y el Padre celestial y esta comunión es posible por medio de la encarnación del Hijo de Dios, Jesús. Primera de Juan 1:1-2 dice:

> *Lo que era desde el principio, lo que hemos oído, lo que hemos visto con nuestros ojos, lo que hemos contemplado, y palparon nuestras manos tocante al Verbo de vida (porque la vida fue manifestada, y la hemos visto, y testificamos, y os anunciamos la vida eterna, la cual estaba con el Padre y se nos manifestó).*

¿De quién está hablando este versículo? De Cristo, la manifestación de Dios en carne. En 1 Timoteo 3:16 dice que Dios fue manifestado en carne y que hay un solo Dios:

> *"E indiscutiblemente, grande es el misterio de la piedad:*
> *Dios fue manifestado en carne,*
> *Justificado en el Espíritu,*
> *Visto de los ángeles,*

Predicado a los gentiles,
Creído en el mundo,
Recibido arriba en gloria".

Esto fue lo que provocó que sus vecinos persiguieran a los israelitas en el Antiguo Testamento, porque los israelitas no creían en otros "dioses", otros "padres". Ellos creían en un solo Dios, el Creador de todo. Creían también, que algún día se manifestaría en carne como el Mesías, Cristo Jesús. Hay un solo Dios y este Dios se reveló en un cuerpo humano en nuestro mundo para morir por nosotros y de esta manera, comenzar la familia espiritual que Dios deseaba crear.

Cristo hizo muchos milagros para testificar de quién era y porqué había venido: *"[...] porque las obras que el Padre me dio para que cumpliese, las mismas obras que yo hago, dan testimonio de mí, que el Padre me ha enviado"* (Juan 5:36).

Antes de la llegada de Cristo, Dios tenía algo en contra de nosotros. Había una pared de iniquidad que la raza humana había construido con el pecado entre ella y Dios. Había una brecha, una separación entre Dios y la humanidad. Una separación que prevenía que la familia se lograra formar. La Biblia dice: *"Pero vuestras iniquidades han hecho división entre vosotros y vuestro Dios, y vuestros pecados han hecho ocultar de vosotros su rostro para no oír"* (Isaías 59:1-2).

Para corregir este problema, Dios llegó en un cuerpo humano a nuestro mundo, murió y quitó esta pared de separación. Ahora, su sangre nos limpia de todo pecado. ¡Qué bueno es esto! Este es el evangelio de Dios. La comunión es con el Padre y el Hijo, pero es Dios manifestado en la carne y esta manifestación es el Hijo. Nuestra comunión es con el

Hijo y con el Padre. Vamos a ver que el que tiene comunión con el Padre tiene comunión con el Hijo porque son uno. Cristo dijo *"Yo y mi padre somos uno"* (Juan 10:27).

Pero, mi pregunta es: ¿En realidad creemos eso? No entendemos cómo Dios es tan grande que creó todo el mundo y al mismo tiempo tan chico que habita en nuestro corazón. ¡Yo no puedo explicar eso! Por lo tanto, yo solamente digo exactamente lo que dice la Biblia y la Biblia dice que Dios fue manifestado en carne, y aquí está lo que Juan está diciendo:

Lo que era desde el principio, lo que hemos oído, lo que hemos visto con nuestros ojos, lo que hemos contemplado, y palparon nuestras manos tocante al Verbo de vida (porque la vida fue manifestada, y la hemos visto, y testificamos, y os anunciamos la vida eterna, la cual estaba con el Padre, y se nos manifestó (1 Juan 1:1-2).

Hay un solo Dios y si creemos otra cosa, estamos en confusión. Esto es algo que nadie puede explicar, pero por fe podemos creer que Cristo llegó a nosotros con la intención de sanar la brecha en la relación de Dios con nosotros. Por fe, somos injertados en la familia de Dios. La Biblia dice: *"Y todo esto proviene de Dios, quien nos reconcilió consigo mismo por Cristo, y nos dio el ministerio de la reconciliación que Dios estaba en Cristo reconciliando consigo al mundo, no tomándoles en cuenta a los hombres sus pecados, y nos encargó a nosotros la palabra de la reconciliación"* (2 Corintios 5:18-19).

Él dijo: "Vengan a mí, todos los que quieren". Los que no vienen no pueden tener comunión, pero los que vienen pueden tener comunión con Él y la comunión es con el Padre y con el Hijo, porque son uno.

Primera de Juan
CAPÍTULO 2

Hijitos míos, estas cosas os escribo para que no pequéis; y si alguno hubiere pecado, abogado tenemos para con el Padre, a Jesucristo el justo. Y él es la propiciación por nuestros pecados; y no solamente por los nuestros, sino también por los de todo el mundo. Y en esto sabemos que nosotros le conocemos, si guardamos sus mandamientos. El que dice: Yo le conozco, y no guarda sus mandamientos, el tal es mentiroso, y la verdad no está en él; pero el que guarda su palabra, en éste verdaderamente el amor de Dios se ha perfeccionado; por esto sabemos que estamos en él. El que dice que permanece en él, debe andar como él anduvo. Hermanos, no os escribo mandamiento nuevo, sino el mandamiento antiguo que habéis tenido desde el principio; este mandamiento antiguo es la palabra que habéis oído desde el principio. Sin embargo, os escribo un mandamiento nuevo, que es verdadero en él y en vosotros, porque las tinieblas van pasando, y la luz verdadera ya alumbra (1 Juan 2:1-8).

Entonces, ¿cómo podemos mantener nuestra comunión con Dios? En algún momento de nuestras vidas, todos hemos comenzado una relación con Dios. Al entregarle nuestra vida nacimos de nuevo, y luego sentimos la presencia de Dios. Pero muchas veces no sabemos cómo mantener esta comunión, y terminamos perdiéndola y alejándonos nuevamente de Él. Éste es un punto donde el enemigo provoca tropiezos porque nos hace pensar que la comunión con Dios es hacer cosas, hacer obras buenas, seguir reglas...y de repente nos damos cuenta que estamos bajo la ley porque estamos luchando y tratando de hacer algo para agradar a Dios y así ganar nuestra salvación.

Para seguir en comunión con Dios, también es necesario reconocer que **tenemos una naturaleza pecaminosa** (1 Juan 1:8). Tenemos que reconocer que esta naturaleza pecaminosa siempre está en contra de lo que Dios quiere hacer en nuestras vidas. Tenemos que hacer morir esta naturaleza. Esta naturaleza es donde se contiene la fuerza del pecado. No estoy hablando de uno que peca, sino de la fuerza del pecado en nosotros porque eso es lo que nos lleva a pecar.

La única manera de tratar con esta fuerza de pecado es llevarla a ser crucificada. Pablo dijo en Gálatas 2:20: *"Con Cristo estoy juntamente crucificado, **y ya no vivo yo, mas vive Cristo en mí**: y lo que ahora vivo en la carne, lo vivo en la fe del Hijo de Dios, el cual me amó y se entregó a sí mismo por mí"* (énfasis del autor). Así que, cuando vienen las tentaciones de la vida, podemos declarar: "¡Ajá, Satanás! ¡Llegaste tarde, porque ya estoy crucificado y ya no vivo yo, mas vive Cristo en mí! Satanás, si me quieres decir algo a mí, tendrás que decírselo a Cristo. ¿Quieres hablar con Cristo?".

"¡No!"—responde Satanás.—"Yo no puedo convencer a Cristo para que peque".

Pero si nuestra naturaleza pecaminosa está crucificada, tampoco vamos a pecar, porque los muertos no pecan. El problema es que muchas veces no queremos que nuestra naturaleza pecaminosa esté muerta. Preferimos confesar que vamos a tener un carro nuevo o confesar que somos ricos. En realidad debemos confesar: "¡Ya no vivo yo, mas vive Cristo en mí!". Tenga cuidado con lo que esté confesando con su boca. La Biblia es muy clara que nuestra confesión debe alinearse con su Palabra y lo que Él dice de nosotros. La confesión no es para recibir bienes materiales ni lo que queramos, es para recibir perdón de pecados y las promesas que su Palabra nos da.

Muchas veces la Iglesia está confesando todo, menos lo que dice la Palabra de Dios. Uno dice: "Yo estoy confesando que Dios me va hacer rico". ¿Quiere ser rico? "Sí, ¡quiero ser rico!". Entonces está alejándose de la fe. ¿Por qué? Porque ya somos ricos. Ya somos coherederos juntamente con Dios. "¿Cómo es posible eso?"—Usted puede decir.—"Porque yo no tengo nada".

¿Quién dijo que no tiene nada? La Biblia dice que somos coherederos juntamente con Cristo. Esto no significa que Cristo tiene unas cosas y nosotros tenemos otras cosas. ¡No! ¡Nosotros somos **coherederos!** Todo lo que Cristo tiene lo tenemos nosotros. Pablo dijo que todo el mundo es nuestro. ¿Qué más quiere? Todo el universo nos pertenece porque somos coherederos juntamente con Cristo y el deseo de hacerse rico en este mundo es desviarse de la fe. Debemos creer y confesar lo que ya tenemos.

Es como un niño cuyo papá es rico, multimillonario, y el niño está en la calle y pasa un carrito de nieve o helado y quiere uno. Pero el niño dice: "Yo no tengo nada. Yo soy muy pobre. No puedo comprarme un helado." Su compañero está con él y lo escucha decir: "Yo no tengo nada". El amigo le responde: "¡Cómo puedes decir eso! Tu papá es el más rico de toda la ciudad."

Cuando decimos que somos coherederos con Cristo no significa que tenemos las bolsas llenas de dinero, sino que tenemos derecho a recibir riqueza espiritual. Todo lo que Cristo tiene, lo tenemos nosotros. La Biblia dice en Romanos 8:32: *"El que no escatimó ni a su propio Hijo, sino que lo entregó por todos nosotros, ¿Cómo no nos dará también con él todas las cosas?".* Todo lo que Dios ha prometido darle a Cristo, también nos lo ha prometido. Alguien que no escatima ni a su propio hijo, no rehusará darnos lo que nos haga falta en esta tierra.

Todas las cosas. Cosas como la sabiduría, y el entendimiento. Entendimiento a los maridos y sabiduría para vivir sabiamente con sus esposas. Y a las esposas les ayudará a vivir en paz y amor con sus esposos. Con sus hijos, les dará cómo criarlos en la amonestación del Señor; en el trabajo, les ayudará a hacer mejor que cualquier otro su trabajo. En la ciudad, le dará favor con las autoridades. ¿Se fija cómo esto de "todas las cosas" abarca mucho más que simples riquezas y cosas materiales? Aunque sí las incluye también.

¡Qué bueno es el Señor! Reconozcamos que tenemos una naturaleza pecaminosa pero la haremos morir por medio de las grandísimas y preciosas promesas de Dios. Entonces disfrutaremos todas las cosas que nos ha dado juntamente con Cristo.

Una de las cosas que ha prometido es que **escribiría su ley** en nuestro corazón. Esto es parte de la muerte de nuestra naturaleza pecaminosa. Entre más comunión disfrutemos con Él, más de su amor (por medio del Espíritu Santo) y más de su ley habrá en nuestro corazón. Este proceso no terminará hasta que nos lleve al cielo con Él. Tengamos conciencia de esto siempre porque nos engañamos si pensamos que no tendremos que luchar con el pecado y la tentación una vez que hemos entrado en relación con Dios. Uno puede decir: "Bueno, yo he aprendido tanto. He aprendido a dejar morir lo carnal en mi vida, y yo ya tengo dominada mi naturaleza pecaminosa. Esta naturaleza ya está crucificada y yo ya no estoy pecando". ¡Jamás!

¿Qué dice la Biblia de una persona así? "Sí decimos que no hemos pecado nos engañamos a nosotros mismos y la verdad no está en nosotros". Yo veo que en la vida cristiana siempre tiene que haber un balance. Hagamos morir la carne todos los días. O sea, es un proceso continuo, constante. ¿Qué vamos a hacer si hemos pecado? ¿Vamos a decir: "Yo pequé y no hay esperanza para mí"? Aunque no hay ninguna excusa para el pecado, sí hay esperanza para el pecador. Si hemos pecado, tenemos la sangre preciosa de Jesucristo para limpiarnos. Si confesamos nuestro pecado y no lo escondemos tras las excusas, hallaremos el perdón.

Hace algunos años, yo estaba predicando en una iglesia acerca de la hechicería y allí estaba una hermana, una de las principales en la iglesia, y salió a la luz que ella estaba llevando a una de sus hijas con un hechicero para ser "barrida" para que tuviera más suerte en el noviazgo. ¡Era una de las hermanas principales de la congregación! Después de mi sermón sobre la hechicería, su sobrina llegó a ella y le dijo: "Tía, no debes hacer estas cosas, como llevar a mi prima al curandero para ser barrida". ¿Sabe cómo respondió la hermana? Dijo: "Todos tenemos nuestras faltas". ¡Dios mío! La sobrina tenía razón de que era pecado y la tía debió de haberle pedido perdón. Pero muchas veces así somos con nuestros pecados también, ¿verdad? No estamos confesando nuestros pecados, sino que estamos haciendo excusas por ellos y no confesamos lo malo que hemos hecho. Luego nos preguntamos por qué no estamos prosperando en lo espiritual o por qué Dios no contesta nuestras oraciones.

Les pregunto a ustedes: ¿Están confesando sus pecados?

Tenemos a Cristo como nuestro abogado. Debemos recordar que en la vida secular si uno tiene un problema legal o alguien le está acusando falsamente, lo que se hace es conseguir un abogado. Si alguien está robando sus propiedades porque no quieren reconocer sus escrituras, ¿qué va a hacer? Conseguir un abogado. ¿Sabe lo que el abogado dice cuando se presentan delante del juez? Le dice que tiene que cerrar la boca, no puede decir nada. Tenemos que callarnos y no decir nada porque el abogado va a hacer la apelación, él va a hacer la advertencia.

Así debemos recordar que en la vida espiritual nosotros tenemos un abogado: El Señor Jesucristo. Jesús hizo el sacrificio y luego lo llevó y lo colocó sobre el propiciatorio, el asiento de misericordia en el cielo y esta sangre que Él puso ahí nos dice que hay perdón para todos nuestros pecados. Entonces, cuando pecamos venimos con Él y decimos: "He pecado, Señor. Perdóname". Y Él es fiel y justo para perdonarnos. Jesús le dice: "No te preocupes. Yo tomaré la carga de este pecado porque tú has sido lavado con mi sangre preciosa".

Ahora, el pecador no debe hacer excusas como: "Señor yo pequé pero tú sabes que esta situación, la tentación que vino a mí, era muy fuerte y no contaba con la fuerza para resistirla y además, ¡fíjate también en Satanás! Él es muy fuerte y me engañó".

¡No! ¡No! ¡No! Cuando dice cosas así, está haciendo a Satanás más fuerte que Dios mismo. La Biblia dice que Él no va a permitir que seamos tentados más de lo que podemos soportar. Solamente debemos decirle al Señor: "Yo pequé. Perdóname y límpiame."

¿Sabe lo que va a pasar? Nos limpia la sangre de Jesús y luego estamos como si nunca hubiéramos pecado. Es la sangre de Jesucristo que hace esta obra en nuestras vidas.

> *El que dice que está en la luz, y aborrece a su hermano, está todavía en tinieblas. El que ama a su hermano, permanece en la luz, y en él no hay tropiezo (1 Juan 2:9-10).*

Repito la pregunta anterior: ¿Cómo podemos mantener nuestra comunión con Dios? **<u>Primeramente, andando en la luz.</u>** ¿Qué significa andar en la luz? Amar a nuestro hermano es andar en la luz. Este es el mensaje que hemos oído de Él: *Dios es luz, y no hay ningunas tinieblas en Él.* En otras palabras Dios es amor y no hay ninguna cosa en Él que no sea amor, ninguna parte de su persona que no sea expresada por la luz de su amor.

¿Cuántos quieren andar en tinieblas? No hay nadie que quiere andar en las tinieblas. Al entrar en un lugar oscuro, lo primero que hacemos es buscar la manera de prender una luz para ver lo que hay alrededor. De igual manera, cuando estamos amando, de verdad, a nuestros hermanos, es como si estuviéramos prendiendo la luz en la oscuridad de nuestro corazón y mundo. Y no sólo prenderá la luz, sino que el que ama a su hermano permanece en la luz y, aquí está algo que me gusta mucho: *"... en él no hay tropiezo."*

Yo sé, por medio de la Palabra de Dios, cuál es el camino que me llevará directamente al cielo. Usted puede decir: "Francisco, es necesario que hagamos esta cosa, y la otra cosa, y la otra para llegar al cielo". Mi respuesta sería: "¡No! Si yo amo a mi hermano, yo estoy permaneciendo en la luz, no hay tropiezo en mí y yo voy a llegar al cielo". Los tropiezos existen cuando no podemos ver la verdad de esto. Satanás nos va a crear problemas para tratar de sacarnos del camino. Uno puede decir: "Pero, yo sé que yo ando en la luz porque yo puedo ver y remover cualquiera situación mala de mi vida en el nombre de Jesús. ¡Yo tengo poder!". Pero, el poder no es la muestra o la prueba de que si andamos en la luz o no. La prueba de caminar en la luz es nuestro amor por nuestro hermano, simple y sencillamente. El que ama a su hermano permanece en la luz y toda su vida está en la luz y puede ver por donde caminar para seguir en la luz. De repente podemos encontrarnos en una situación difícil y decir: "Por aquí está el camino. Satanás está tratando de engañarme, pero yo puedo ver el camino, porque yo estoy en la luz y por eso él no me puede engañar o hacerme caer".

Otra vez les pregunto: ¿Qué es la luz? El amor es la luz.

El peligro de la caída llega porque comienza a aborrecer o a sentir que un hermano "no le cae bien". ¿Qué hace usted cuando hay una persona que no le cae bien? Yo voy a decirles lo que yo siempre hago. Yo oro, diciendo: "Señor mándeme amor por esta persona. Deme amor por mi hermano o mi hermana". ¿Por qué? Porque el amor es de Dios. No podemos fabricar el amor. Podemos fingir muchas cosas, pero no podemos fingir o fabricar el amor porque es algo que nace en el corazón. No es algo que se pueda fabricar. Cómo puede decir que tiene amor y viene un hermano con necesidad y todo el tiempo tiene dinero en la bolsa, pero al ver a su hermano con necesidad, solamente le dice: "Dios te bendiga, vamos a orar que Señor supla tus necesidades". Luego la persona sale con hambre y nosotros todo el tiempo con el dinero en la bolsa. Este no es el amor según 1 Juan 3:17-18: *"Pero el que tiene bienes de este mundo y ve a su hermano tener necesidad, y cierra contra él su corazón, ¿cómo mora el amor de Dios en él? Hijitos míos, no amemos de palabra ni de lengua sino de hecho y en verdad".*

Ya estamos terminando el estudio de cómo mantener la comunión con Dios, y la manera de hacer eso es andar en la luz. En el momento que dejemos de andar en la luz perdemos la comunión con Dios. ¿Qué significa andar en la luz? Amar a su hermano. ¿A cuál hermano? A cualquier hermano.

También necesitamos reconocer que tenemos una naturaleza pecaminosa. No "hemos" pecado, sino "tenemos" una condición de pecado. Cada uno de nosotros tenemos esta naturaleza pecaminosa. Es muy fácil mirar a cada una de las demás personas y pensar que hay algo mal en ellas. Cada persona: hombre, mujer, anciano, joven, o chico, todos tenemos una naturaleza pecaminosa. No es para que esta naturaleza controle nuestra vida, pero es algo que tenemos que hacer morir.

Si usted sabe que tiene una naturaleza pecaminosa, entonces puede tratar con ella y crucificarla. Pedro dijo: "Ya no vivo yo, mas vive Cristo en mí". Luego preguntan: "¿Pero cómo puedo hacer esto?". Por fe. La Biblia dice que fuimos crucificados con Cristo, pero ¿qué dice usted? ¿Dice: ¡Ojalá que fuera cierto!? ¡Esto no es la fe! Esto es solamente desear que así sea.

Al tener crucificado el pecado en nuestras vidas, el pecado no va a tener dominio en nuestras vidas. Estamos en Cristo Jesús, bajo la gracia, y por fe estamos haciendo morir lo carnal en nuestras vidas. Si no hacemos morir lo carnal, lo carnal va a dominar nuestras vidas. Es como el matrimonio y la manera por la cual uno puede volver a casarse legalmente y delante del Señor. Si muere "el viejo", o sea el esposo, uno ya está libre. Así es cuando el viejo hombre está crucificado. Está muerto y por eso somos libres del pecado y podemos casarnos con otra persona. Pero, ¿con quién? **¡Con Cristo!**

También necesitamos confesar nuestros pecados. Muchas veces pensamos que somos los mejores del mundo y creamos excusas para nuestros pecados en lugar de confesarlos.

En lugar de decir: "Yo pequé", y aceptar la responsabilidad, decimos que la culpa es de la esposa o de alguna otra persona. Así somos los hombres porque tenemos los mismos genes de Adán. Cuando Eva pecó y comió del árbol, y le dio a Adán para que comiera, Adán le echó la culpa a ella, o en realidad le echó la culpa a Dios al decir: "La mujer que tú me diste". Todavía hoy en día, hay veces que los hombres pensamos que está bien echarle la culpa a nuestra esposa, y pensamos que así no tendremos condenación por nuestro propio pecado.

Yo soy un experto en echarle la culpa a mi esposa. Todos los esposos sabemos hacer esto. Por esta razón, hasta los hombres tienen que dejar morir lo carnal en su vida para no echarle la culpa a su esposa. Esto es lo carnal, echarle la culpa a su esposa, pero el verdadero hombre diría: "Yo pequé y yo tengo la culpa".

Sin embargo, tenemos un abogado, uno que puede hablar en nuestra defensa. Si nosotros nos ponemos a hablar y estorbar a la corte, el juez se molesta y nos pone una multa o nos echa de la corte. Por eso el abogado dice: "Usted no diga nada. Yo soy su defensor". El cliente tiene que confiar en su abogado, sea bueno o malo. La diferencia es que nosotros tenemos al Señor Jesucristo quien murió por nosotros. Él es nuestro abogado y podemos confiar en Él. Si usted tiene problemas, entrégueselos a su abogado. Si yo peco, yo voy a entregar todo el problema a mi abogado, porque Él ya ofreció el sacrificio y su sangre que está en el asiento de misericordia allá en el cielo es nuestro propiciatorio y nos limpia de todo pecado.

EVIDENCIAS DE COMUNIÓN CON DIOS

Jesús dijo que nos conocerían por diferentes cosas, pero especialmente por nuestro amor. En 1 Juan también se nos muestran algunas evidencias claras y sencillas de alguien que disfruta de una comunión íntima con el Señor.

En esto sabemos que nosotros le conocemos, si guardamos sus mandamientos. El que dice: Yo le conozco (O sea que yo tengo comunión con Dios, yo conozco a Dios, ando con Dios y Él anda conmigo) y no guarda sus mandamientos, el tal es mentiroso, y la verdad no está en él; pero el que guarda Su palabra (mandamiento) en éste verdaderamente el amor de Dios se ha perfeccionado; por esto sabemos que estamos en él (1 Juan 2:3-5, comentarios añadidos por el autor).

¿Cómo podemos saber que estamos en comunión con Dios? Guardando sus mandamientos. ¿Cuál es su mandamiento? Que nos amemos los unos a los otros, y que amemos a nuestro hermano. Claramente continúa diciendo que si alguien se atreve a decir que tiene comunión sin exhibir estas características, es un mentiroso.

Seguiremos estudiando sobre "**amar a su hermano**". ¿Sabe lo que pasa cuando amamos a nuestro hermano? Somos librados de toda clase de problemas y maldad. ¿Sabe lo que también va a ocurrir si ama a su hermano? Se fijará en las cosas que pueden ofenderle o que le harán algún daño a él y evitará estas cosas. Pablo dijo que prefería no comer carne jamás en vez de causar a su hermano ocasión de caer, para no poner tropiezo a su hermano (1 Corintios 8:13). Yo creo que la mayor parte de nosotros hubiéramos dicho: "Comeré carne si quiero porque yo soy libre en Cristo". En Pablo vemos otra actitud muy diferente cuando dice que jamás volvería a comer carne si esto ofendería a su hermano. Esto es amor. Si no caminamos con un genuino amor para con nuestros hermanos, se nos hará mucho más fácil causarles caer gracias a una palabra, actitud o acción nuestra. Hay mucho que decir sobre este tema, pero lo haremos más tarde.

Así que, vamos a **andar como Él anduvo.** Muchos decimos: "Yo estoy en Cristo, yo soy cristiano, yo asisto a las reuniones, yo pago mis diezmos, y aún he dado ofrendas especiales para las misiones. Seguramente, ando como Él anduvo". ¡Qué bueno que haga todo eso! Pero no significa que anda como Él anduvo. Es más que sus simples hechos. Tenemos el privilegio de hacer todas estas cosas, pero también tenemos que andar como Él anduvo. ¿Y cómo fue eso? Él anduvo en la luz y en amor con sus hermanos. Esto es andar como Él anduvo. La Biblia dice: "De tal manera amó Dios…" (vea Juan 3:16). Dios se vistió en un cuerpo humano, llamado Jesús, y ofreció este mismo cuerpo como sacrificio por los pecados de todo el mundo. Entonces nosotros también debemos andar en el amor que no se niega a entregarse completamente para beneficio de los demás. ¿De qué manera puedo andar para dar el mejor beneficio a mis hermanos? ¡En amor! ¿Qué debo hacer para ser de beneficio a los demás? ¡Amarlos! Si está pensando solamente en usted mismo, esto no es el amor. Esto es el egoísmo. (Para aprender más sobre las características del amor estudie 1 Corintios 13).

Os escribo a vosotros, hijitos, porque vuestros pecados os han sido perdonados por su nombre. Os escribo a vosotros, padres, porque conocéis al que es desde el principio. Os escribo a vosotros, jóvenes, porque habéis vencido al maligno. Os escribo a vosotros, hijitos, porque habéis conocido

al Padre. Os he escrito a vosotros, padres, porque
habéis conocido al que es desde el principio. Os
he escrito a vosotros, jóvenes, porque sois fuertes,
y la palabra de Dios permanece en vosotros, y
habéis vencido al maligno (1 Juan 2:12-14).

Tenemos que vencer al enemigo, pero no podremos
vencerlo si no sabemos dónde está o lo que está haciendo.
Muchas veces estamos buscando a Satanás en un lugar y él
está en otro. Lo buscamos abajo y él está en nuestra cara. Les
hago la pregunta entonces: ¿Qué está haciendo Satanás en su
vida? Unos responden: "¡Yo no sé!". Si usted no sabe lo que
Satanás está haciendo entonces no puede vencerlo porque no
sabe lo que está haciendo.

Yo creo una cosa: Después de estudiar la Palabra de
Dios, ¡uno jamás estará aburrido! La Palabra de Dios debe
ser la cosa más viva, más emocionante en todo el mundo y
podemos gozarnos al saber que Dios nos está limpiando y
preparando para estar con Él. Cada vez que escuchamos la
Palabra de Dios, hay una limpieza que está en proceso. Es el
agua de su Palabra, exponiendo las cosas que hay en nuestra
vida que no están limpias y limpiándonos. La Palabra no
nos condena porque Dios no quiere condenarnos. De ser así,
nunca hubiera mandado a su Hijo, Jesús para remover toda
condenación de nosotros. Nos hubiera echado en el fuego
inextinguible por el resto de la eternidad. Pero Dios nos ama.

Cuando la Biblia dice: "De tal manera amó Dios al
mundo...", está hablando de toda la raza humana y sigue
diciendo que Él murió por nosotros. Por eso le animo a
constantemente permitir que el Espíritu Santo le examine y

que siempre esté orando: "Señor, examina lo que no está bien en mi vida". Él se lo va a mostrar. Muchas veces no tenemos éxito en nuestras oraciones porque estamos diciendo: "Señor, mándame un carro nuevo, mándame una casa nueva, mándame una mujer rubia", y cosas semejantes, en vez de decir: "Señor, ¿qué quieres que yo haga? ¿Qué hay en mi vida que no está bien contigo? Yo quiero andar bien contigo". De esta forma, cuando llegan los problemas que a todos nos seguirán llegando, tendremos la confianza de que también pasarán. Llegarán tribulaciones pero Dios estará con usted, y comprobará que sí puede hacer todas las cosas porque Cristo le está fortaleciendo. Llegará la persecución, pero Él está con nosotros hasta la muerte; y al morir, Él nos va a resucitar y llevarnos al cielo. Tenemos que **vencer al maligno**.

> *No améis al mundo, ni las cosas que están en el mundo. Si alguno ama al mundo, el amor del Padre no está en él. Porque todo lo que hay en el mundo, los deseos de la carne, los deseos de los ojos, y la vanagloria de la vida, no proviene del Padre, sino del mundo (1 Juan 2:15-16).*

Claramente nos exige a dejar atrás el amor por aquellas cosas que están en este mundo, o sea aquellas cosas que no son eternas. Hermanos, **no debemos amar al mundo.**

Nos sigue diciendo este pasaje que no debemos amar los deseos de la carne. Veamos qué son los deseos "de la carne". Muchas veces no sabemos qué es la carne y qué es el espíritu, pero la Biblia nos da una lista en el libro de Gálatas, capítulo 5, de lo que es la carne: "*Y manifiestas son las obras de la carne, que son: adulterio, fornicación, inmundicia,*

*lascivia, idolatría, hechicerías, enemistades, pleitos, celos,
iras, contiendas, disensiones, herejías, envidias, homicidios,
borracheras, orgías, y cosas semejantes a estas; acerca de
las cuales os amonesto, como ya os lo he dicho antes, que
los que practican tales cosas no heredarán el reino de Dios".*
Me gusta que diga que han sido "manifiestas". En otras palabras, son cosas que serán muy claras cuando estamos caminando en el amor. Cuando camina en amor, no se tiene que
preguntar si esto o aquello será bueno o malo, el Espíritu
de Jesús, el espíritu de amor, que mora en nuestro corazón,
nos dirá claramente y sin duda cuáles son aquellas cosas que
debemos dejar a un lado como obras de la carne.

Los deseos de los ojos se tratan de codiciar cosas que no le
pertenecen a usted y creo que va muy ligado con los deseos
de la carne.

La vana gloria de la vida es el orgullo y el pensar de uno
como mejor y por encima de los demás. Todos tenemos un
deseo de vivir para siempre. Algunos buscan hacerlo a través
del arte, de ser autores, de ser padres o crear alguna compañía importante que perdurará por muchos años después
de su muerte. La verdad es que todos tendrán que morir, pero
esta escritura nos da una clave para perdurar para siempre:
hacer la voluntad de Dios. Parece algo muy sencillo, ¿verdad?
Creo que es una de las cosas más difíciles que existen. Sin
embargo, Dios también ha provisto la manera de lograrlo y
más adelante estaremos estudiando sobre la importancia del
Espíritu Santo para lograr esta meta.

El más oculto de los pecados que menciona el autor es
la vanagloria de la vida. Muchas veces reconocemos nuestros pecados de codicia (lo que deseamos por lo que vemos

y sentimos) y sabemos que no debemos hacer esto. Pero la vanagloria de la vida se esconde en nuestras vidas. La vanagloria es una opinión exaltada de uno mismo, y afecta cada área de nuestra vida: Nuestro trato con los demás, actitudes hacia la Palabra de Dios, cómo pensamos y actuamos con las personas. Es muy sutil y debemos hacer un hábito de permitir que el Espíritu Santo escudriñe nuestro corazón y nos corrija cuando la vanagloria comienza a arraigarse.

Estoy convencido que lo que llevó a Satanás a su caída fue una versión de vanagloria porque la Biblia nos dice que él deseaba que los ángeles le adoraran como adoraban a Dios. O sea, tenía una opinión exaltada de él mismo. 2 Corintios 11:14 dice que Satanás se disfraza como un ángel de luz. ¿Se fija? Nos disfrazamos cuando tenemos vanagloria, deseamos esconder la realidad de nuestra condición. La verdad es que todos hemos pecado y necesitamos desesperadamente a un Salvador.

Pero a muchos de nosotros no nos gusta la idea de tener que depender completamente del guía del Espíritu y preferimos decir: "Yo estoy luchando para andar bien. Siempre estoy haciendo lo mejor que puedo para ser un buen cristiano". Debemos aprender que en realidad nuestro "mejor", termina convirtiéndose en las obras de la carne. Esto es lo mejor que podemos hacer nosotros por nosotros mismos. Aprender esta verdad le guardará de mucha frustración y dolor a lo largo de su vida con Cristo.

Muchas veces pensamos: "Como no estoy cometiendo adulterio, y no estoy cometiendo fornicación, entonces estoy bien." Está bien, pero ¿qué dice acerca de los pleitos, celos, iras, contiendas, y disensiones? Decimos: "Ay, hermano.

Todos tenemos nuestras faltas". Pero, la verdad es que estamos en la carne cuando existen estas cosas en nuestras vidas. Andamos en tinieblas y no sabemos a donde vamos. ¿Envidias, homicidios, borracherías, herejías? "No, yo no estoy haciendo todas esas cosas. Quizá unas tres o cuatro de ellas, pero no estoy haciéndolas todas".

Sabe, si hay una sola cosa que no cumple o si usted está luchando en su propia fuerza para ser perfecto, está bajo la ley y la ley tiene un "regalito" para los que no guardan sus requisitos. Este "regalito" se llama la muerte. Pero, bajo la gracia, Cristo murió por nosotros y está derramando su gracia sobre nosotros. Muchas veces no queremos estar bajo la gracia, porque bajo la gracia Dios va a sembrar su amor en nosotros y vamos a amar a los que no nos caen bien. A veces nos gusta tener a uno que no nos cae bien, porque si no tenemos a un fulano que no nos cae bien, ¿de qué vamos a hablar todo el día o a quién vamos a echarle la culpa por nuestros problemas?

Si su deseo es vivir una vida victoriosa en Cristo, le animo a que diga: "Yo estoy confiando en Cristo. Yo estoy en pacto con Él. Él está escribiendo sus leyes en mi corazón. Está derramando en mi espíritu por medio de su Espíritu, el amor". De esta manera, seremos guiados por el Espíritu y no estaremos ya más bajo la ley. No estaremos luchando en nuestras propias fuerzas para ser unos santos. Eso es estar viviendo bajo la ley. Pablo nos da un cuadro muy claro de alguien que vive bajo la ley cuando él dijo: "Yo quiero hacer lo bueno, pero estoy haciendo lo malo" (Romanos 7:18-19).

Yo puedo levantarme cada mañana y decir: "Hoy no voy a codiciar. Hoy voy a amar a mi hermano. Hoy yo voy a hacer esto o aquello". Pero, ¿se fija? Es puro: "Yo. Yo. Yo". Pero si usted se levanta por la mañana y dice: "Señor, te doy gracias porque estoy bajo tu gracia. Gracias que estoy en pacto contigo y yo sé que tú me vas a cuidar. Tú no vas a llevarme a la maldad. Tú vas a derramar tu amor en mi vida, un amor para poder amar a todos mis hermanos". Si hacemos esta oración vamos a salir bien, porque no estamos dependiendo de nosotros mismos, sino de Dios.

Quiero decirle que el amor de Dios no tiene prejuicios, ama a todos sin importar quiénes son. Si hay alguien que usted no ama o no tiene el amor de Dios para cierta persona, sabe que algo está mal porque el amor es la mejor prueba de su comunión con Dios. Cuando andamos sin el amor de Dios en nuestras vidas para todos los hermanos, es como si estuviéramos diciendo que cuando Cristo estaba muriendo en la cruz tenía una lista de personas por las que no quería morir, porque no le caían bien. Estoy seguro que Cristo no hizo tal cosa. Él hizo una lista de las personas por las cuales Él estaba muriendo, y esta lista incluía a todo el mundo. Cuando su amor mora en nuestros corazones, ésta es la prueba de que somos cristianos. La prueba de su amor es nuestro amor por los hermanos. ¿A cuáles hermanos? Todos los hermanos.

Hace tiempo tenía un vecino que yo no quería ver y yo rodeaba dos kilómetros fuera de mi camino solamente para no tener que saludarle. Pero decidí pasar un poco de tiempo con él y en algunas ocasiones nos sentamos a la mesa juntos, y al comer con él y tener comunión con él, Dios sembró su amor por él en mi corazón. Esta es la obra milagrosa que hace el amor de Dios en nuestro corazón. Si alguien no le cae bien, invítele a comer. Pase un tiempo con él y Dios va a tener oportunidad de sembrar el amor de Cristo en su corazón por esta persona.

Yo quiero ir al cielo, yo quiero entrar por esas puertas de perla, para estar allá por toda la eternidad y si vivimos una vida normal no vamos a poder hacerlo. Yo estoy mucho más cerca a la eternidad que ustedes, por mi edad. Yo quiero portarme bien, pero no puedo sin Cristo. No puedo amar a nadie sin Cristo. Sin embargo, yo voy a entrar por las puertas celestiales porque Dios me va a ayudar y va a sembrar en mi corazón su amor, sin prejuicio. No es el amor de Dios si hay prejuicio. Si decimos: "Yo amo a fulano, y a mengana. Amo a 299 de los 300. Solamente hay una sola persona que no amo". Pero al decir eso, ya usted está en las tinieblas y lo más triste es que ni lo sabe.

Yo quiero decirle que mi tarea principal es obedecer a mis propios sermones y lecciones. No piense que por el hecho de tener muchos años en el evangelio no hay muchas tentaciones, deseos de no amar, porque sí las hay. Y no estoy hablando de anteayer. Estoy hablando de todos los días ser tentado a no amar a mi hermano. Pero si estamos abrazando esta verdad y diciendo, "Señor, yo me estoy sujetado a ti para que tú puedas hacer de mi vida lo que quieras. Yo quiero que siembres en mi vida un amor por todos mis hermanos", entonces, Él hará la obra y cuando Satanás ve que usted está decidido a andar con Cristo en esta área de su vida, Satanás le traerá tentaciones que hará que sea fácil no amar a su hermano. Tengo un dicho: Amar a su hermano es el cristianismo verdadero.

Uno puede decir: "Hay personas que no me caen bien, pero yo estoy pagando mis diezmos fielmente, yo estoy cooperando con misiones y también con una buena ofrenda cada mes, yo estoy en todas las reuniones, leo mi Biblia, cuando menos cinco minutos cada día, estoy dando gracias por cada comida y yo estoy tratando a mi mujer y no le he gritado por tres días, así es que estoy bien".

Esto no es el cristianismo verdadero. Como cristianos debemos hacer todas estas cosas, pero el cristianismo verdadero es amar a su prójimo, los de su casa, su iglesia, su trabajo, su escuela...dondequiera que se encuentren los prójimos.

¿Cómo anduvo Cristo? El caminó con tanto amor que murió por nosotros. El amor más grande en todo el mundo fue el que mostró cuando Él tomó nuestra culpa en la cruz. Sin pecado, Cristo llevó la carga de todos nuestros pecados, y por esta causa fue crucificado. Antes de la crucifixión no habían podido tocarle. Una vez cuando Él estaba en Nazaret quisieron matarle, pero de repente Cristo escapó de en medio de ellos y no le hallaron. Pero, cuando tomó la culpa de nuestros pecados, no hubo escape. Fue predestinado a la muerte, porque estaba llevando todos nuestros pecados. Él soportó eso por amor, porque estaba pensando en nosotros. Nuestro mayor ejemplo del cristianismo verdadero.

Cuando crucificaban a Cristo, Él dijo: "Padre, toma el nombre de cada uno de ellos y mándales un castigo grande". ¡No! Al contrario, dijo: "Padre, perdónales, porque no saben lo que están haciendo" (Lucas 23:34). Uno puede decir: "¡Pero está hablando de Cristo!" Bueno, entonces miremos otro ejemplo.

Veamos a Esteban. Había gente apedreándole, causándolo caer de rodillas. Entonces vio el cielo abrirse y dijo: "Cristo, mira lo que ellos están haciendo. Mándales un castigo grande". ¡No! Las últimas palabras de Esteban fueron: "No pongas a la cuenta de ellos este pecado" (Hechos 7:60). ¿Qué dice usted cuando alguien le trata mal? "Señor, castígales, mándales una tormenta, una sanción grande contra ellos y una venganza". ¡No debería ser así! Tenemos que decir lo que Esteban dijo: "Señor, no pongas a la cuenta de ellos este pecado porque yo les estoy perdonando" (ver Hechos 7:60).

Entonces, ¿qué está tratando de hacer Satanás en nuestras vidas? Una sola cosa: quiere convencernos y llevarnos a no amar a nuestro hermano. El diablo es astuto y nos dice: "No debes amar a tu hermano. Él no merece tu amor". Pero, podemos contestar: "Te reprendo Satanás en el nombre de Jesús. Yo voy a amar a mi hermano". Satanás quiere hacer una sola cosa: empujarle a pecar, a que no obedezca a Dios.

Cuando andamos en la luz podemos ver lo que Satanás va a hacer, y nos podremos librar de su trampa. Pero cuando dejamos de amar a nuestro hermano, a cualquier hermano, nos salimos de la luz y perdemos la batalla.

Podemos vencer al maligno caminando en obediencia a lo que la Palabra nos manda a hacer: amar a nuestro prójimo. Esto nos habla de las personas que conocemos, las que están en nuestro mundo. No nos habla necesariamente de las personas que viven al otro lado del mundo porque es fácil amar a alguien que está lejos de usted. Si queremos obedecer, tenemos que amar a nuestros hermanos y a las personas en nuestro alrededor, sean quienes sean, y de esta manera siempre caminaremos con nuestro camino lleno de luz y venceremos al maligno.

El no amar al mundo es en realidad un rechazo total de

todo lo que enseña, para lo que vive. El mundo pertenece al príncipe del aire, Satanás, y como tal, no debería tener parte en nuestra vida, costumbres, pensamientos, filosofía. Es demasiado fácil y común caer en una manera de vivir en la que los pensamientos y filosofías que permean este mundo de oscuridad se hace parte también de nuestros patrones de comportamiento y vida. Mi hermano, no ame al mundo y todo lo que éste contiene: deseos de la carne, vanagloria y orgullo.

> **Y el mundo pasa, y sus deseos; pero el que hace la voluntad de Dios permanece para siempre (1 Juan 2:17).**

Todo lo que hemos venido platicando, eventualmente pasará. Lo que sentimos en estos momentos de tentación y prueba, aquello que pensamos que nunca cesará, sí cesará algún día. Recuerde, lo único que permanecerá más allá de la eternidad no es el dinero, la fama, ni la posición; lo único que permanece para siempre son aquellas personas que se han atrevido a hacer la voluntad de Dios.

OTRAS EVIDENCIAS DE LA COMUNIÓN CON DIOS

Otra evidencia de la comunión con Dios es permanecer con la familia de Dios. Hay versos en la Biblia que dicen: "Muéstrame uno que anda solo y voy a mostrarle uno que va a caer espiritualmente". *"Porque si cayeren, ¡el uno levantará a su compañero! ¡Pero ay del solo! que cuando cayere, no habrá segundo que lo levante"* (Eclesiastés 4:10).

No importa si uno tiene un año o 29 años en el camino del Señor, la verdad es que recibimos aliento el uno del otro. Esa alimentación del uno al otro ocurre porque somos miembros de un solo cuerpo. Yo puedo separar mi dedo de mi cuerpo y el dedo no servirá para nada. En poco tiempo, el dedo tendrá un olor tan horrible que será necesario echarlo a la basura o sepultarlo, porque aparte del cuerpo, ese apéndice no sirve para nada. Ninguno de nosotros, ninguna parte del cuerpo, puede sobrevivir separado del resto del cuerpo. Nos necesitamos los unos a los otros. De la misma manera, en el Cuerpo de Cristo, si los miembros somos separados los unos de los otros, no es posible sobrevivir sanamente.

> *Hijitos, ya es el último tiempo y según vosotros oísteis que el anticristo viene, así ahora han surgido muchos anticristos; por esto conocemos que es el último tiempo. Salieron de nosotros, pero no eran de nosotros; porque si hubiesen sido de nosotros, habrían permanecido con nosotros; pero salieron para que se manifestase que no todos son de nosotros (1 Juan 2:18-19).*

Se me hace tan interesante que las cuestiones que surgían en la Iglesia del primer siglo son las mismas que surgen hoy en día. El problema del anticristo y su llegada es un tema que se ha discutido por muchos años, y se seguirá discutiendo. El apóstol nos muestra una verdad clave, en mi opinión, y es que el anticristo no se trata de una sola persona necesariamente sino de una forma de pensar, un espíritu que se manifestará.

Dios cumplirá sus propósitos en este mundo a través de

cada uno de nosotros, y todo lo utiliza para nuestro bien. No llore por aquellos que estuvieron entre nosotros y ahora ya no están. En realidad es bueno saber quién está con usted y quién está en contra de usted, ¿verdad? A lo largo de los años, hemos visto la salida de muchas personas que creíamos que estaban con nosotros, pero después nos damos cuenta que no lo eran. Esto es normal, y no nos detendrá de seguir haciendo lo que Dios nos ha llamado para hacer, y tampoco nos apartaremos de la iglesia, seguiremos **reuniéndonos con nuestros hermanos**.

Algunas otras personas dirían que no es necesario ir a la iglesia para servir a Dios. Puede ser cierto, pero como quiera, tendrá que convivir con los hermanos. La iglesia es el lugar que se ha designado como el lugar donde podemos ser preparados y disfrutar de nuestra comunión los unos con los otros. Alabamos al Señor y recibimos la Palabra de Dios. El lugar de nuestra reunión es el lugar donde cada miembro puede ser fortalecido, animado, enseñado e impulsado para cumplir con la tarea que Dios entregó a su iglesia: ir por todo el mundo, predicar el evangelio y hacer discípulos. No deje de congregarse. La iglesia y lo que sucede cuando nos reunimos en su nombre, es poderoso y necesario para nuestro bienestar espiritual.

> *Pero vosotros tenéis la unción del Santo, y conocéis todas las cosas. No os he escrito como si ignoraseis la verdad, sino porque la conocéis, y porque ninguna mentira procede de la verdad (1 Juan 2:20-21).*

Otra evidencia de que tiene comunión con Dios es que **tiene su Espíritu.** Debemos tener el Espíritu Santo fluyendo en nuestras vidas y permaneciendo en nosotros, no solamente el haber nacido del Espíritu sino permanecer en Él. Si no ha experimentado el Bautismo del Espíritu Santo, entonces puede decir: "Señor, lléname con tu presencia y con tu poder". Es solamente con el poder y la ayuda del Espíritu Santo que podemos andar bien en todas las áreas de nuestra vida.

Tenemos **una unción,** y esta unción nos lleva a toda la verdad que existe en Dios (1 Juan 2:20-28). Cuando tenemos necesidad de tomar alguna decisión, de resolver algún problema interpersonal o en el trabajo, podemos contar con la revelación que fluye de la unción del Espíritu. Dios se revela a nosotros de muchas formas, y la unción se hace evidente por medio de los dones y los ministerios que Dios ha colocado en su Cuerpo, pero no deberían ser la manera principal para recibir instrucción o sabiduría. Eso debería venir de cada uno conforme a la necesidad y la unción. La unción del Espíritu nos trae la perspicacia, creatividad y sabiduría que necesitamos para enfrentar toda y cualquier situación.

La Biblia nos dice que Dios deseaba hacer pacto con nosotros, deseaba poner sus leyes en nuestro corazón (Hebreos 8:10). Todos tendrían una relación íntima con Él, caminarían en contacto directo con Dios. En ocasiones, una palabra de profecía puede ser de bendición, pero no es necesario contar con otra persona para oír la voz del Señor. Dios tiene el deseo de comunicarse con cada uno de sus hijos directamente, sólo falta un poco de esfuerzo y disciplina de nuestra parte para escuchar su voz.

No debemos esperar una palabra de profecía para saber

con quién casarnos, por ejemplo. Yo sabía que era el tiempo para noviar con la Hna. Nola porque Dios me habló a mí directamente. Yo no necesitaba una profecía que dijera: "¡Debes casarte con Nola Jean Witt, en Durango, México!". ¡Dios me habló a mí! Así le animo a buscar dirección directamente con Dios y de esta manera no estará en peligro de desviarse por una profecía equivocada.

La Biblia dice que el orden correcto de la profecía es que uno profetice y los demás juzguen. Pero, muchas veces queremos hacer las profecías en privado y utilizamos palabras como: "Así dice el Señor". No deberíamos permitir ni practicar profecías privadas, sino deberíamos dar cualquier profecía delante de otras personas espiritualmente maduras y que sean líderes en la cosas de Dios. No es necesario dar todas las profecías en la iglesia, pero sí deben ser pronunciadas en un lugar donde haya liderazgo presente. Las profecías personales realmente tienen el potencial de ser de gran bendición, pero también pueden ser causa de mucha confusión. Tenga mucho cuidado. Le quiero dar algunos ejemplos de la profecía en la Biblia.

Por ejemplo, en el libro de los Hechos en el capítulo 5, llegó Ananías (y después Safira su esposa) delante de Pedro y él le dijo: "Has hablado mentira a Dios y van a llevarle de aquí muerto…" ¡Dios mío! La profecía es un tema serio. Debemos tener mucho cuidado con dar y recibir de las profecías.

Otro ejemplo también del libro de los Hechos es la historia de un hombre diácono en la iglesia, Felipe. Pablo pasó para visitarle. Felipe tenía siete hijas y todas profetizaban. Allí con la familia de Felipe, todos estaban conversando y orando, y las hijas empezaron a profetizar y le dijeron a Pablo que si él iba a Jerusalén sería llevado en cadenas, atado, y le rogaron a Pablo que no fuera a Jerusalén por las cosas que le iban a pasar. Pero Pablo les pidió que no le causaran más dolor con sus lágrimas y ruego, sino que dijo: "Yo voy a Jerusalén de todas maneras". Aunque estas mujeres le habían dado una profecía personal, y después confirmamos que fue certera, Él también tenía una palabra que un ángel de Dios le había hablado. Pablo decidió ignorar la profecía personal para cumplir la palabra que Dios le había entregado anteriormente.

A veces las profecías pueden tener una intención o propósito que uno no pensaría, pero en realidad todo cambia, o nada cambia, porque Dios tiene otra intención. Tal vez Dios permitió esta profecía para probar a Pablo.

Otro ejemplo que se encuentra en el mismo libro de los Hechos, Pablo y Bernabé sentían un llamamiento de Dios para ir a evangelizar más lejos de lo que habían llegado hasta la fecha, pero en una reunión de oración con el liderazgo de la iglesia, el Espíritu de Dios dijo: "Apártame a Pablo y a Bernabé para la obra al cual yo les he llamado" (Hechos 13:2). Dios ya les había llamado y ahora el Espíritu Santo estaba diciendo que ya era tiempo de soltarlos, no de proteger y cuidarlos, sino de soltarlos a la obra a la cual ellos habían sido llamados. No era una profecía diciendo que tenían que ir, sino que era una confirmación de lo Dios ya les había dicho en sus espíritus.

Esto ilustra perfectamente la importancia de que una profecía confirme lo que Dios ya está hablando a nuestro espíritu en privado. Debe aclarar, guiar más específicamente o confirmar algo que ya está creciendo en nuestro espíritu.

Hubo una señora que llegó a nuestra congregación de otra iglesia (no estoy hablando esto para menospreciarla) y ella comenzó a decir: "Así dice el Señor". Después le dijo a Vicky, nuestra nuera: "Tú debes salir de toda la basura del mormonismo". Ahora, Vicky nació espiritualmente y creció en la iglesia que nosotros fundamos en Vicente Guerrero, Durango, desde que era una niña. Nunca estuvo involucrada en el mormonismo. Me duele decirlo, pero lo que la mujer le "profetizó" a Vicky en realidad era un mentira.

En otra ocasión, la misma mujer le "profetizó" a una hermana: "Debes perdonar a tu mamá porque tú naciste fuera del matrimonio, eres ilegítima". Al oír esta "profecía" se turbó bastante, como se puede imaginar, y le preguntó a su mamá si era verdad, pero su mamá le dijo que todo era una mentira. Como se podrá imaginar, estas profecías causaron muchos problemas entre la congregación y se tuvo que tratar con el asunto.

Si alguien profetiza, qué bueno, pero creemos que debería ser delante de un grupo que puede juzgar la palabra y discernir si es de Dios o no. La Biblia dice que uno debe profetizar y los demás juzgar (1 Corintios 14:29).

Así que, cuidado con las profecías y si Dios le usa en la profecía, busque a otro servidor para ser testigo de lo que usted dice y para confirmar y aprobar lo que está haciendo. No van a burlarse de usted, sino van a bendecirle y servirá como una protección sobre su vida.

Profetice, siempre y cuando esté dispuesto a seguir las

instrucciones de seguir el amor con todos. Y esto sólo se alcanzará con la guía del Espíritu Santo.

Ya estuvimos estudiando la última parte de las evidencias de la comunión con Dios y una evidencia de esa comunión es que debemos **guardar sus mandamientos y su palabra.**

Ya vimos que su mandamiento principal es lo que Él dijo: "Este es mi mandamiento que os améis los unos a los otros." También debemos andar como Él anduvo. El anduvo en la luz. ¿Qué significa andar en la luz? Amar a su hermano. La cosa que me llama la atención es que la Biblia dice que el que anda en la luz, no tiene tropiezo. No hay ninguna posibilidad de desviarse del camino, porque este es el camino y la luz: El amor a su vecino, el amor a su hermano, y el amor a su prójimo.

Si el cristianismo no está funcionando o siendo practicado en su propia casa, eso no significa que no obra con los demás cristianos. Pero, si usted es cristiano debe andar como cristiano. La Biblia dice que la esposa puede ganar al esposo sin palabras. Muchas veces las mujeres quieren ganar a su esposo con palabras, pero el hombre es muy cabeciduro. La mujer más bien puede ganarle con su modo de hablar y de vivir. De esta manera, Dios tratará con el hombre, pero si la esposa siempre está regañando al hombre, Dios no puede tratar con él. Necesitamos recordar que Dios puede tratar con los corazones más duros. Dejemos en sus manos los corazones de aquellos que pareciera jamás tomarán una decisión a favor de Él.

Dios puede tratar aún con los hijos rebeldes. Esto no significa que usted no debe practicar la disciplina con sus hijos, porque la disciplina es el amor. El que ama a sus hijos practica la disciplina y lo puede hacer de tal manera que no se vuelve en abuso y que no va a alejar a los hijos de la casa. Muchas veces esto es el problema en nuestra sociedad, en vez de disciplinar nos volvemos abusivos y los devaluamos y esto causa muchos más problemas que al principio. La disciplina tiene un riesgo porque puede disciplinar a un hijo de una manera correcta, pero el hijo puede resistirse y ponerse rebelde contra le disciplina. Es un riesgo. Muchos dicen: "Yo no voy a disciplinar a mi hijo porque puede enojarse conmigo", y sí es una realidad este riesgo, pero la falta de disciplina es mucho peor. Dios toma el riesgo con nosotros porque si no hay disciplina, no hay esperanza.

Yo recuerdo a una mujer, muy buena hermana y una de las líderes de la iglesia. Un día ella comentó: "Yo nunca he disciplinado a ninguno de mis hijos" y yo le podía creer, porque al ver el comportamiento y la actitud de sus hijos, era obvio que eran rebeldes. De todas maneras algunos de ellos salieron más o menos bien porque Dios tiene misericordia y ellos se rindieron a Él y se entregaron a las cosas de Dios. Es un riesgo más grande el no disciplinar que el disciplinar. Estamos hablando de amor y donde existe el amor existe la disciplina. Cuando el Espíritu está morando en nuestra vida, el amor produce una habilidad y la determinación para cumplir con el mandamiento de amar al prójimo. Para hacer esto, es importante que practiquemos la disciplina; eso será lo que nos mantiene al pie del cañón cuando llega la tentación a nuestra vida.

Esta cualidad la vemos exhibida en la vida de Jesús. La Biblia dice en Hebreos 12:2: "Puestos los ojos en Jesús el autor y consumador de la fe, el cual por el gozo puesto delante de el sufrió la cruz…". La cruz no era algo que deseaba experimentar, pero el amor que tenía, le llevó a disciplinarse hasta el punto de sacrificar su vida.

¿Cuál fue el gozo que había sido puesto delante de Cristo? ¡Nuestra salvación! Cristo sufrió la cruz, el menosprecio y el oprobio, pero no terminó con eso sino que después de morir y resucitar de entre los muertos, se sentó a la diestra del trono de Dios. Él está sentado donde está todo el poder. La diestra de Dios es el poder de Dios. Él se sentó en el poder de Dios donde está toda la autoridad en el cielo y en la tierra.

Él sufrió todo lo que conllevaba la cruz, pero hubiera sido fácil que Él dijera: "Sí, estoy sufriendo horriblemente y no solamente en lo físico, pero en lo espiritual también". Él sintió toda la culpa de nuestros pecados. ¿Cómo sabemos que lo sintió? Porque dijo: "He sido abandonado por Dios, mi Padre. ¡Padre, Padre! ¿Por qué me has abandonado?" (ver Mateo 27:46). Sin embargo, el amor lo llevó a disciplinar sus acciones y tomar control de sus pensamientos y emociones y seguir adelante con el plan de la cruz y la salvación que logró. Él estaba pensando en cada uno de nosotros, hasta por nuestros nombres y esto fue suficiente para mantenerlo en su lugar, allí en la cruz. La certeza de la realidad de nuestra salvación le trajo un gozo incomparable a Él y dijo: "Voy a seguir adelante por el gozo de salvar a todos ustedes". Esto fue lo que mantuvo a Jesús en el camino que lo conducía hasta la cruz.

¿Quién es el mentiroso, sino el que niega que Jesús es el Cristo? Este es anticristo, el que niega al Padre y al Hijo (1 Juan 2:22).

Nosotros no podemos captar los cambios en los idiomas y la traducción de un idioma a otro, y todo el significado de esto, pero la frase que está escrita aquí es de suma importancia. ¿Quién es el mentiroso, sino el que niega que Jesús es el Cristo? Creo que puede ser la prueba más efectiva de los espíritus. Cuando alguna doctrina se levante que niegue que Jesús es el Cristo, puede estar seguro que no es una sana doctrina según los principios que se nos han dado por medio de la enseñanza de los apóstoles y la Escritura.

"El Cristo" era descendiente de David como la Biblia profetizó. La Biblia dijo que el Cristo tenía que ser del linaje de la tribu de Judá y que iba a sentarse sobre el trono de David por toda la eternidad. Pero este "Cristo" se llama *Jesús*. ¿Y qué significa este nombre, Jesús? En realidad, se trata de la combinación de dos nombres: Jehová y Salvador. Ya hemos hablado un poco de esto, pero vamos a seguir hablándolo porque esta verdad contiene toda la fuerza del evangelio y el poder contra el enemigo y todas las sectas falsas. Hay muchas sectas levantándose hoy en día y están engañando y haciendo tropezar a muchas personas. Una secta no rechaza toda la Biblia, pero lo que sí hace es proponer nuevas interpretaciones según su propio gusto o tomar una verdad y la torcerla para que quepa con sus propias ideas.

Dijimos pues, que *Jesús* significa "Jehová Salvador". ¿Cuál Jehová? El Jehová del Antiguo Testamento; el Jehová quien sacó a su pueblo de Egipto; el Jehová quien abrió el mar Rojo. Este es el nombre con el que se reveló Dios a Moisés en el desierto (Éxodo 3:15). Es Aquel que existe por sí mismo.

¿Quién creó a Jehová? No fue creado porque existe por sí mismo. Yo no entiendo esto, pero no estamos aquí para presentarnos como personas que pueden enseñar todo lo tocante a Dios. Todos nosotros somos muy ignorantes respecto a preguntas como:

¿Cuándo llegó a existir Dios?

¿Dónde está Dios?

¿Qué edad tiene Dios?

Nadie tendrá las respuestas a estas y otras preguntas hasta el día que nos paremos en la presencia de Dios, y el velo del misterio de su Persona será removido. Lo importante es la eternidad con Dios. Él está en el futuro y estuvo en el pasado. Puede uno irse al pasado por miles de millones de años o miles de millones de años en el futuro, y ahí está Dios. La más grande y veloz de nuestras computadoras, se quemaría tratando de calcular eso. Por eso, es mucho mejor estudiar solamente lo que la Palabra de Dios dice para ese tipo de preguntas.

Cristo es Jehová Salvador. Él es el Cristo. El Jehová del Antiguo Testamento es Jesucristo en el Nuevo Testamento. Es el mismo Dios. En 1 Timoteo 3:16 la Biblia dice: "...*Dios fue manifestado en carne*...". ¿Cuál Dios? ¡El único que hay! Jehová fue manifestado en la carne. Cristo dijo: "Vengo en el nombre de mi Padre".

¿Cómo se llama su Padre? Jehová Salvador, y ese es Cristo manifestado en la carne. Esto fue cuando Dios tomó la forma de un cuerpo humano y se manifestó en este mundo. ¿Con qué propósito? Para morir por nosotros y salvarnos. Mientras estaba aquí, nunca dejó de mostrar las pruebas de Quién era y sigue siendo hoy.

Jesús mostró su poder diciendo: "Si no creen mis palabras, crean lo que estoy haciendo". Y no faltan ejemplos de sus hechos. Por ejemplo, en el sepulcro de Lázaro dijo estas palabras: "¡Lázaro, ven fuera!" (ver Juan 11:43). Y aquel que había estado muerto ya durante varios días, salió sano y salvo. Este poder sobre la muerte también lo demostró cuando le dijo al único hijo de la viuda lo mismo: "Leván- tate". Y el muchacho se levantó.

Su poder sobre las fuerzas de la naturaleza se exhibieron cuando le dijo a Pedro: "¡Ven!", cuando iba caminando sobre el agua. Y Pedro caminó también sobre el agua. Cuando tomó los cinco panes y los dos pescados, los repartió y ali- mentó a más de 5000 personas. Todos son señales de quién es Cristo: Jehová Salvador. Algunos hasta dicen que fue otro milagro el que tuviera Él la fuerza necesaria para repartir el pan entre 5000 personas[1].

Llegó un momento cuando hizo esta pregunta a un grupo de judíos que buscaba apedrearle: "¿Por qué están en contra de mí? ¿Por las buenas obras que he hecho?". Seguramente, los judíos no podían acusarle de no haber hecho maravi- llas extraordinarias y buenas que habían beneficiado a miles de personas, sino que tomaron esta idea de Jesús y el Padre siendo uno como la base para apedrearle. Veamos el pasaje.

> *Yo y el Padre uno somos. Entonces los judíos vol- vieron a tomar piedras para apedrearle. Jesús les respondió: Muchas buenas obras os he mos- trado de mi Padre; ¿Por cuál de ellas me ape- dreáis? Le respondieron los judíos, diciendo: Por buena obra no te apedreamos, sino por la blas- femia; porque tú, siendo hombre, te haces Dios. Jesús les respondió: ¿No está escrito en vuestra ley: Yo dije dioses sois? Si llamo dioses a aquellos*

> *a quienes vino la palabra de Dios (y la Escritura*
> *no puede ser quebrantada), ¿al que el Padre san-*
> *tifico y envió al mundo, vosotros decís: Tú blas-*
> *femas, porque dije: Hijo de Dios soy? Si no hago*
> *las obras de mi Padre, no me creáis. Mas si las*
> *hago, aunque no me creáis a mí, creed a las obras,*
> *para que conozcáis y creáis que el Padre están en*
> *mí, y yo en el Padre (Juan 10:30-38).*

¡Qué bendición cuando entendemos que nuestro Dios está en Cristo Jesús, y Cristo está en Él! Si quiere saber cómo es Dios, mire la cara de Cristo y verá con claridad a nuestro Dios. Él es la imagen misma de Dios. Él es hombre, pero se manifestó exactamente como la imagen de Dios. Dios es invisible. Dios es Espíritu. Él cubre todo el universo. Así que, Jesús fue la forma que Dios utilizó para lograr presentarse a nosotros, su creación, de una manera que podríamos entender y conocer.

Ahora cuando alguien llegue a decir: "Yo quiero ver a Dios".

Bueno, ¿cuál parte quiere ver? "Este…la mano"—contesta.

Bueno, la mano de Dios será unos miles de miles de millones de kilómetros de largo, entonces mejor veo solamente el dedo de Dios.

Bueno, pero el dedo también cubre algunos miles de millones de kilómetros.

La verdad es que no podemos ver a Dios, y por eso Dios decidió manifestarse a nosotros los humanos de una manera que lográramos a entender: como hombre. Dios se manifestó en la carne y por medio de Jesucristo podemos verlo, y por medio de cada palabra que Él habló y por medio de cada cosa que Él hizo podemos conocerlo. ¡Gracias a Dios por su gran misericordia y amor para con todos nosotros, pobres hombres!

> *Todo aquel que niega al Hijo, tampoco tiene al Padre. El que confiesa al Hijo, tiene también al Padre (1 Juan 2:23).*

Si usted niega a Cristo, la imagen misma de Dios, también está negando a Dios. En el mundo en el cual vivimos, uno puede hablar del "hombre arriba", "nuestro dios", o algún otro nombre que puedan tener para Dios, pero cuando uno empieza a hablar de "Cristo" o "Jesús", todo el ejército del enemigo se acomoda para causarle de alguna manera no confesar a Cristo. Puede uno hablar de Dios todo el día, pero cuando uno dice la palabra "Jesús", en ese instante viene el ataque del enemigo.

Yo estaba sentado en el restaurante de un hotel en la ciudad de Durango, hace algunos años y se encontraba también un señor que era minero. Nosotros nos habíamos conocido por un tiempecito, y en algunas ocasiones habíamos hablado de las cosas de Dios. Pero ese día en particular, en el curso de nuestra conversación, yo mencioné el nombre de Jesús. De repente, él se levantó de su silla y empezó a hablarme bastante fuerte: "¡Si vas a hablar así, yo no quiero estar aquí contigo!". Y se salió del lugar. Obviamente, me sorprendió un poco al principio su reacción, pero con el tiempo reconocí lo que era: un rechazo de la persona de Jesús y su obra en esta tierra. ¡Qué lástima!

Nuestra confesión del nombre de Jesús está muy ligada

a la obra de redención y la relación que podemos disfrutar con el Padre por medio de Jesús. Yo estoy confesando a Jesucristo como mi Salvador. Y al confesarle, también estoy confesando a su Padre: Jehová. "Jehová Salvador" es mi Cristo: Jesús. Es el que pagó el precio por mis pecados y resucitó al tercer día y ahora está sentado a la diestra del Padre.

> *Lo que habéis oído desde el principio, permanezca en vosotros. Si lo que habéis oído desde el principio permanece en vosotros, también vosotros permaneceréis en el Hijo y en el Padre. Y esta es la promesa que él nos hizo, la vida eterna. Os he escrito esto sobre los que os engañan. Pero la unción que vosotros recibisteis de él permanece en vosotros, y no tenéis necesidad de que nadie os enseñe; así como la unción misma os enseña todas las cosas, y es verdadera, y no es mentira, según ella os ha enseñado, permaneced en él (1 Juan 2:24-27).*

Es la unción de la presencia de Dios en nuestras vidas que nos enseña, nos guía y por ella podemos probar cada cosa. Con cualquier persona, es necesario probarlo por su espíritu y también por esta Palabra. No somos presas de doctrinas falsas. Pero, la prueba principal de una doctrina falsa es lo que dicen de Cristo. Algunos grupos creen tocante Cristo que "es un dios". Hay mucha diferencia de ser un dios y ser El Único Dios. Y muchas sectas que existen hoy día, concuerdan en este punto.

Puede detectar rápidamente una secta por medio de lo que dicen de Cristo, y saber si dicen lo que la Biblia dice.

No estamos enseñando una doctrina fabricada por Pancho Warren (u otra persona), estamos hablando solamente de lo que dice en la Palabra de Dios, la Biblia. Si uno no está de acuerdo, su problema está con la Palabra de Dios. Jesús es nuestro Dios, manifestado en carne.

Se me hace interesante que la Biblia nos dice que el dios de este mundo es Satanás. Si usted tiene problema con aceptar eso, solamente mire por un rato la televisión. El espíritu de lascivia y fornicación se puede percibir en todos lados, hasta en las noticias. Le quiero dar un ejemplo de cómo el dios de este mundo, cada vez más va atrapando e infiltrando cada aspecto de nuestra sociedad. Cuando yo estaba en la Armada de los Estados Unidos, un perdido de perdidos, viviendo una vida lejos de Dios, mis amigos y yo pagábamos un dólar para entrar a ver un "show" de mujeres. Lo mejor del "show" era cuando salía una mujer en ropa muy apretada, daba una vuelta y danzaba un poco, y luego se iba. Todos nosotros aplaudíamos y sentíamos que habíamos recibido un buen "show" por nuestro dólar. Hoy en día, esta clase de cosa se ve, literalmente, en todos lados, no solamente en un "show" de mujeres. El dios de este mundo es Satanás, y nos está manipulando a todos y seguirá manipulándonos si es que así se lo permitimos.

Por eso, tenemos que tener mucho cuidado de andar en amor. El verdadero amor, nos guardará de ser llevados por el dios de este mundo. El amor no piensa solamente en uno mismo, sino piensa en el bienestar de todos los demás. Su manera de andar y todo debe ser para no ofender y no ser de tropiezo para ninguna otra persona. Pablo dijo que él estaba dispuesto a nunca volver a comer carne por toda su vida si era una ofensa que iba a ser tropiezo para su hermano. Eso es una muestra muy clara de lo que es el amor verdadero. Necesitamos permanecer en Cristo y en la unción de su presencia porque esto nos ayuda a permanecer en Cristo.

Si sabéis que él es justo, sabed también que todo el que hace justicia es nacido de él (1 Juan 2:29).

¿Cómo sabe el mundo que somos de Dios o que somos discípulos de Dios? ¿Simplemente porque vamos a la iglesia evangélica? ¡No! Es posible que ellos no vayan a saber que asistimos a una iglesia evangélica. ¿Van a saber porque tenemos una cara muy santa? ¡No! Al contrario, en ocasiones nuestras caras no tienen una apariencia tan santa.

Entonces, ¿cómo puede alguien de afuera saber que somos nacidos de Dios? Por su justicia, la rectitud de su trato con los demás y en su vida personal. Un cristiano debe ser la luz del mundo. Si tiene un trabajo, debe ser el mejor empleado y no debe andar criticando a nadie en su trabajo. Desafortunadamente, muchas veces somos los que andamos chillando y diciendo: "¡Ay! Este patrón mío no me paga bien". Pero debemos dar gracias a Dios por el trabajo que tenemos. Tal vez si hiciéramos un mejor trabajo, el dueño nos subiría de sueldo. Espero no ofender a nadie, lo digo con mucho amor y dolor en mi corazón porque es lo que he visto a lo largo de mis años de servir al Señor. Muchas veces no queremos hacer el trabajo bien porque el pago es poco cuando debemos trabajar mejor para que nos suban el sueldo. No estamos dejando brillar la luz de Jesús con nuestros hábitos y actitudes.

Yo estoy convencido que si usted toma la decisión de

ser una persona de justicia en sus negocios, su trato con su familia, en la iglesia entonces también el mundo sabrá que nuestro Dios es Justo. Si usted es una persona que rige su vida según las normas y principios que establece en su Palabra, entonces no tendrá mucha necesidad de decirle a las personas que usted sirve a Jesús, ellas lo sabrán porque verán su buenos actos y glorificarán a Dios.

Venceremos al maligno y no caeremos en el amor por el mundo y sus deseos cuando tomamos la decisión de seguir a Jesús, Jehová Salvador, confesarlo como Salvador y vivir en la misma justicia y rectitud que Él tuvo cuando vivió en la carne aquí en esta tierra.

Termina este capítulo recordándonos que la vida cristiana se practica todos los días y en las actividades más cotidianas. El cristianismo no se trata de cuántas veces asistimos a las reuniones ni cuánto leamos la Biblia, sino de cómo estamos viviendo nuestra vida ante todos los demás, especialmente los que no son de la familia de creyentes.

Primera de Juan
CAPÍTULO 3

Es por medio del amor de Dios que tenemos comunión con Él. Tenemos comunión con Dios y por eso tenemos amor para sus hijos.

> *Mirad cual amor nos ha dado el Padre, para que seamos llamados hijos de Dios; por esto el mundo no nos conoce, porque no le conoció a él (1 Juan 3:1).*

Muchas veces leemos este verso y pensamos: "Pues, ¡qué bueno! ¡Yo soy el hijo (o la hija) de Dios!". Pero, no entendemos el significado de ser un hijo. Un hijo es el heredero, y si un padre tiene cinco hijos, los cinco hijos son herederos de todo lo que tiene el padre. Así es con nosotros. Somos hijos de Dios, por eso también somos sus herederos. Pertenecemos a la familia de Aquel que tiene todo el poder en el cielo y en la tierra, el que es dueño de todo en el cielo y en la tierra, en el cual están escondidos todos los tesoros de sabiduría y entendimiento.

Algunos dicen: "Hermano, usted predica que debemos ser pobres de Espíritu, que no debemos pensar que tenemos todas las respuestas", y así es. Nosotros no sabemos nada como debemos saberlo. Pero, pobres en Espíritu no significa que debemos andar con la cabeza abajo, sino debemos andar con la seguridad en Dios que estamos confiando en Él, pidiéndole: "Dios, por favor, siembra en mis pensamientos la sabiduría y el entendimiento de lo que debo hacer". Efectivamente, no debemos pensar más de nosotros de lo que debemos, pero tampoco debemos pensar menos. Somos llamados los hijos de Dios.

También Dios nos predestinó para ser semejantes a Cristo. Dios no va a tener hijos y dejarlos en medio de una naturaleza que les detendrá de cumplir con sus propósitos o atorados en algún hábito, forma de pensar, o problema. Somos hijos e hijas según los planes y propósitos de Dios. Él nos está transformando, a cada uno de nosotros, a la imagen de Cristo. Cristo es el que agrada a Dios, Dios manifestado en la carne. Esa es la manera en la cual debemos vivir.

Mientras que estamos en Cristo, Él va a perfeccionarnos hasta que lleguemos a la imagen de Cristo. Por ejemplo, si una persona está a bordo de un tren y si se queda sentado, este tren va a llegar a su destino, va a llegar a otra ciudad o a donde sea. Si uno no quiere ir a donde va el tren, es necesario bajarse del tren. Así es si uno está en Cristo. Si usted no quiere ser transformado a la imagen de Cristo, salga de su lugar en Cristo inmediatamente, porque Él va a transformarnos a su imagen, y utilizará la disciplina, las pruebas, y de ser necesario golpes duros, y lo que sea necesario para ayudarnos a permitirle a Él tener la libertad en nuestra vida para transformarnos. Pero, muchas veces no queremos cooperar con Él. No queremos amar a todos. Queremos amar sólo a algunos, pero a los que nos tratan mal, mejor queremos guardar rencor. Así es la naturaleza pecaminosa.

Esta naturaleza provoca nuestra derrota, pero al estar en Cristo eso será cambiado. ¿Qué causó a Cristo andar con tanta justicia y tanto amor, hasta poder entregar su vida por todos nosotros? ¿Qué causó eso? ¿Los genes que Él tenía de parte de María o de sus antepasados? ¡No! Fue gracias al hecho de que Él era Dios manifestando en la carne, y de esta manera también Él quiere manifestarse en nosotros, pero el problema es que muchas veces queremos manifestar a nuestros propios deseos y voluntad, y no las de Cristo. Debemos vivir como la Biblia dice: ya crucificados y muertos al pecado (lea Romanos 6:2).

> *Amados, ahora somos hijos de Dios y aún no se ha manifestado lo que hemos de ser, pero sabemos que cuando él se manifieste, seremos semejantes a él, porque le veremos tal como él es (1 Juan 3:2).*

¡Ahh! Perdónenme, si no les he hablado con el respeto que se merecen. Es que, ¡me encuentro en la presencia de los hijos e hijas de Dios! Pero, como tales, ¿están manifestando las características de quiénes son? ¿Cómo están hablando? ¿Cómo están tratando a las personas? ¿Han ofendido a alguien? Su comportamiento deberá reflejar lo que AHORA es: hijo(a) de Dios.

La escritura nos recuerda una tremenda verdad: ahora **SOMOS** hijos de Dios. No dice que ojalá, tal vez, con buena suerte seré hijo de Dios. ¡No! "Ahora SOMOS—presente— hijos de Dios. Aunque no se han manifestado lo que hemos de ser, pero vamos a ser semejantes a Él. Vamos a existir por toda la eternidad. Vamos a estar con Dios.

Él nos trajo a la familia suya para algo especial, no fue una acción al azar. ¿Qué está buscando Dios de nosotros? Comunión. Dios quiere una familia, pero una familia no sirve para nada si hay pleitos entre los miembros de la familia, si falta amor, si no existe el perdón. Todo el potencial que contiene una familia se pierde cuando no está funcionando como debiera. Por esta causa la cosa principal que Dios está pidiéndonos es que andemos en el amor, que cuidemos la paz.

Pero, no podemos hacerlo sin Él. Sin embargo, Él está haciendo todo para convencernos de permitirle a Él sembrar su amor en nuestros corazones. Como seres humanos, miembros de una humanidad caída, nuestros deseos y pasiones impiden que esto suceda. Muchas veces, es como si estuviéramos caminando por un lado, y Dios quiere que caminemos por el otro lado, pero hay un conflicto entre Dios y nuestra carne. La Biblia dice que nosotros peleamos contra lo que Dios quiere hacer en nuestras vidas. Dios quiere que andemos en el amor, pero nuestra carne no quiere andar en el amor. Nuestra carne no quiere perdonar. Nuestra carne quiere guardar rencor y falta de perdón. Por esta razón, la familia de Dios tiene tantas divisiones y roturas.

Siempre ocurrirán muchas ofensas con las personas más cerca de nosotros, Santiago nos asegura de esta realidad, pero tenemos que aprender a andar en amor y permitir que Dios nos ayude a perdonar todas las ofensas. Debe ser un amor sin condiciones, un perdón sin excepción. Pero decimos: "Bueno, lo perdonaré cuando llegue conmigo con lágrimas, y se me arrodille para pedirme perdón". ¡No! Es necesario perdonar al que nos ofende antes de que nos pida perdón por el bien de nuestro futuro y nuestra comunión con Dios. De esta forma estaremos protegiendo nuestro amor por medio del vínculo de la paz (Efesios 4:3:...*solícitos en guardar la unidad del Espíritu en el **vínculo** de la paz...*).

Ahora, practicar el perdón y vestirse todos los días de amor (Col. 3:14), requiere que seamos personas que miremos hacia el futuro y no nos fijemos tanto en el presente y en las emociones y reacciones que experimentemos en el presente. Si usted tiene una mentalidad solamente de lo actual y del presente, nunca podrá andar en amor y santidad como un verdadero hijo de Dios. Si tiene una mentalidad enfocada solamente en el presente, será muy difícil vivir una vida victoriosa porque nuestro galardón, nuestra herencia, y la mayoría de todo lo que vamos a recibir como cristianos está por delante de nosotros, en nuestro futuro.

En este momento, tenemos sólo un poco de lo que Dios tiene para nosotros como sus hijos. Se podría decir que es como un enganche, no es toda la herencia (2 Corintios 1:22). Si usted va a una tienda para comprar algo y deja una cantidad de enganche, es como una garantía del precio total. Dios nos ha dado algo de enganche, la garantía, del precio total. Dios nos ha dado una garantía por medio de su Espíritu Santo morando en nosotros, pero eso es solamente un poco de lo que podemos esperar de Él en la eternidad. (*Es Dios quien nos ha hecho para este fin y nos ha dado su Espíritu como garantía de sus promesas* (2 Corintios 5:5, NVI).

Todo aquel que tiene esperanza se purifica, así como él es puro (1 Juan 3:3).

¡Hermanos, aquí tenemos la respuesta! La Biblia no está tratando de cambiar el tema aquí, ni pretende enseñarnos algo nuevo, ni nos está proporcionando una lista de deberes para llegar al cielo. Simplemente, nos hace una observación: si uno tiene la esperanza que el Espíritu Santo le da de una vida eterna en Él, se comenzará a purificar así como nuestro Salvador es puro. La manera de purificarnos es meternos en la luz, meternos en el amor de Dios. Si desea que la oscuridad se vaya, tiene que meterse en la luz. Tiene que sumergirse en Aquello que disipará las tinieblas del pecado y los deseos de la carne. La manera de hacer esto es abrazando las promesas de Dios diciendo: "Señor, tú prometiste escribir tus leyes en mi corazón, y eso es lo que quiero. Escribe tus leyes sobre cómo vivir, actuar, tratar a los demás. Cómo amar, perdonar y caminar en comunión contigo".

Aquí está la clave de ser hechos semejantes a Cristo. Tenemos que tener algo que insiste en permitir a Dios hacer su trabajo en nuestras vidas. Aquí les dejo un ejemplo. Uno puede estar trabajando mucho porque la semana entrante tiene que pagar una deuda de $5,000 dólares. Con una deuda así, uno va a soportar el trabajo, del que sea. Va a hacer todo que tenga que hacer para poder cumplir con el pago de la deuda. Así es con nosotros. Hay una esperanza que nos está motivando en todas las áreas de nuestra vida. En el área espiritual tenemos la esperanza de ver a Cristo y estar con Él por toda la eternidad. Tenemos la esperanza de tener la semejanza de Él en nuestras vidas para que podamos gozar de su protección. En el área física, confiamos que al ser cambiados a su imagen, podremos vencer todas las tentaciones y esta naturaleza pecaminosa no nos conquistará ya más. Toda la esperanza se cumple al andar en el amor y la perfección para toda la eternidad. Todo aquél que tiene esta esperanza en Él, se purifica como Él es puro. Si usted no tiene esta esperanza no va a purificarse y no va a permitir a que Dios haga la obra en su vida.

Hay un ministro muy conocido en los Estados Unidos. Pastoreaba una iglesia grande, y salía en la televisión y la radio por muchos años. Estaba haciendo un trabajo increíble. Nadie podría negar que este hermano fuera un hombre de fe y de compasión. Según las estadísticas que yo he oído, él personalmente, de su asociación evangelista, donaba 50% de los fondos misioneros de una denominación muy conocida en todo el mundo. Donaba millones de dólares. Pero, tristemente cayó en pecado sexual.

No podemos negar que él tuviera fe y que fuera un hombre de fe, con mucha compasión. Pero, nadie, nadie, nadie, puede convencerme de que este hermano estaba realmente esperando ni preparándose para la venida eminente del Señor. Me atrevo a decir que a raíz de que la esperanza que debemos tener que nos lleva a vivir una vida purificando nuestra mente, acciones y pensamientos para ser como Él es, no había sido avivada en su vida, su pasión se fue enfriando y el enemigo pudo llegar con sus mentiras y tentaciones para hundir a este hermano. Esto lo digo sin juzgar, pero estoy convencido que si realmente se hubiera estado preparando para la segunda venida del Señor, no hubiera caído en este pecado.

Espero que entiendan lo que estoy diciendo. Todos somos tentados de las mismas maneras y tenemos que tener una fe viva de que pronto estaremos con el Señor por toda la eternidad y gracias a ella, tendremos la actitud que no permitirá que nada, ni nadie, en este mundo entre en mi vida para destruir mi relación con Cristo y la obra que Él está haciendo en y a través de mí. Si uno no tiene esta esperanza, si está viviendo solamente por el momento, se arriesga a que su vida se desmorone ante sus mismos ojos. Tenemos que vivir para la eternidad.

Yo creo que en el cristiano puede haber sufrimientos y problemas. Pero, tenemos a Cristo para ayudarnos en todos los problemas y sufrimientos. Más que de cualquier otra cosa, no podemos soltarnos de la esperanza que tenemos en Él. La esperanza de ver a Cristo cara a cara. Si no tenemos esta convicción y certeza bien arraigada en nuestro corazón, no le pondremos tanta importancia en nuestra vida y testimonio como hijos de Dios, y será fácil usar su "cristianismo" para ventaja personal. La Biblia dice que esta vida es como una neblina que desaparece—se aparece y luego desaparece (ver Santiago 4:14). Yo soy testigo de eso. Al compartir esto, yo tengo 72 años de edad y solamente Dios sabe cuántos años más me dará. La Biblia me prometió 70 y ya tengo 72. La Biblia me prometió 80 si soy muy robusto, así que más o menos, tal vez, pueda llegar hasta los 75 años. Yo ya estoy terminando mi carrera. Los años pasan rapidísimo. Yo estoy aquí para decirle que parece que fue ayer que jugaba a los carritos con mis vecinos de cinco o seis años, y todos esos años ya desaparecieron. ¿Qué paso con mi vida? ¿Dónde está mi familia? Ya todos están casados. Solamente hay nietos en la casa ahora. La vida pasa muy rápido. "*Porque todos nuestros días declinan a causa de tu ira; Acabamos nuestros años como un pensamiento. Los días de nuestra edad son setenta años; Y si en los más robustos son ochenta años. Con todo, su fortaleza es molestia y trabajo, Porque pronto pasan, y volamos*" (Salmo 90:9-10).

Así que, sin importar cuántos años me toque vivir, tengo la esperanza de estar con Cristo. Estoy aquí para rogarles que pongan su vista en Cristo, que pongan los ojos sobre Él, el autor y consumador de nuestra fe, y que nunca vivan sólo para el presente. Pero, ¿cómo puede uno hacer esto? Por la fe en Cristo. Él nos ha dado preciosas y grandísimas promesas por medio de las cuales somos participantes de la naturaleza divina (2 Pedro 1:4). No tenemos que rendirnos al pecado ni a las tentaciones de este mundo porque tenemos grandísimas promesas. Podemos orar: "Señor, tú prometiste ayudarme para yo poder andar en amor, para poder vencer la mentira, el adulterio y los falsos testimonios". Y Él nos responderá, como lo ha prometido. El que pide recibe, si pide con fe (ver Mateo 7:8).

> **Y sabéis que él apareció para quitar nuestros pecados, y no hay pecado en él (1 Juan 3:5).**

Si estamos en Cristo no hay pecado. Tenemos que salir y alejarnos de la presencia de Dios para meternos en el pecado. ¿Por qué? Porque Él es amor, y el amor nos lleva lejos del pecado.

¿Qué es el pecado? El pecado es la desobediencia a Dios.

¿Qué es lo que nos dijo Dios que hiciéramos? Amar a nuestro prójimo.

Si usted ama a su prójimo, ¿le va a robar? ¡No!

¿Va a codiciar a su esposa? ¡No!

¿Va a codiciar lo que tiene? ¡No!

¿Va a levantar falso testimonio contra él? ¡No!

¿Va a matarle? ¡No!

Casi todos los problemas que experimentamos como cristianos, podríamos decir que se levantan por no amar a nuestro prójimo, ni a Dios como Cristo nos enseñó. Déjeme explicarlo de esta manera. Un hombre no va a adulterar con la esposa de su vecino si ama al vecino. Adulterar con una mujer no es mostrar amor. Solamente está satisfaciendo sus propios deseos. No está pensando en el reproche ni en las consecuencias del adulterio, y todo lo que ese terrible pecado conlleva. De igual manera, no mentiremos, no robaremos, no maltrataremos a las personas que amamos de verdad. Pero, tenemos esta gran promesa y esperanza de vivir de otra manera: Dios prometió escribir sus leyes en nuestra mente y corazón (ver Hebreos 8:10). Lo único que nos pide para ganar la victoria sobre Satanás es resistirle. Al resistir a Satanás, tendrá que huir de nosotros (ver Santiago 4:7).

El problema está en que no amamos como Cristo dijo. Pero, yo creo que Dios está santificando su Iglesia. Él dijo en su Palabra que regresaría por una Iglesia sin arruga, sin mancha, y santa (ver Colosenses 1:22). Dios nos está sacudiendo en estos años. No es para destruirnos, ni para asustarnos sino para prepararnos para un encuentro con Él. El mundo está peor cada día. No podemos andar como el mundo, no podemos parecernos al mundo porque está en el camino al fuego eterno. Constantemente nos estará recordando que nosotros somos hijos de Dios y Él quitó nuestros pecados. Y nos ha dado todo lo que pertenece a la vida y a nuestra relación con Él por medio del Espíritu Santo para que no tengamos que practicar nunca más el pecado.

> *Todo aquel que permanece en él, no peca (1 Juan 3:6).*

Oh, hermanos, de nuevo Dios nos está dando el secreto para vivir una vida en victoria sobre todo lo que nos asedia.

¿Qué sucederá si tomamos la decisión de quedarnos firmes en todo lo que nos ha dado? Su amor será derramado en nuestros corazones y el resultado será que podremos amar y perdonar a todos. Vamos a andar bien con todos.

Creo que ya sabe lo que quiero comunicarle: Dios es amor y para vivir una vida libre de pecado, tenemos que permanecer también en amor, en Él. El amor es la clave de todo. Cristo puso este amor en nosotros para que ya no practicáramos el pecado. El pecado, simplemente es una expresión de una vida que no tiene amor. Por esta causa estamos en Cristo. ¿Para qué? Para permanecer en Él, para vivir una vida saturada de amor y evidencia de él.

Otro tremendo resultado de permanecer en su amor, que me gustaría presentar, es la salvación y rescate de muchas almas. Piénselo, si andamos en el amor de Dios, las personas necesitadas de amor, de perdón serán atraídas a esa luz. Así como un animalito es atraído a la luz cuando sólo hay oscuridad. Brillará tan fuerte la luz que produce su amor que cientos de almas, todos los que tienen que llegar, sabrán cómo llegar a la luz porque verán el Camino a través de usted y de mí. Al entrar por aquellas puertas celestiales, no entraremos solos porque nos vendrán siguiendo todos aquellos que fueron atraídos por la luz de Dios en nosotros. El evangelismo es automático cuando andamos en amor. Tristemente, lo opuesto sucede cuando no andamos de esta manera. El mundo a veces mira a los cristianos y dice: "Ah, mira, ellos andan igual que nosotros". ¡Permanezcamos en Él!

En una ocasión, estaba visitando algunos pueblos cercanos a la ciudad de Durango, donde habíamos establecido algunas iglesias. Cuando iba viajando de un pueblo al otro, se nos descompuso el auto. El dueño del auto me dijo: "Francisco, vete caminando por delante y te alcanzo en un rato". Bueno, comencé a caminar y después de un tiempo, se paró un señor con auto y ofreció llevarme hasta mi destinación y comenzamos a hablar. Cuando él supo que yo era cristiano, éstas fueron sus palabras: "No, ustedes andan igual como nosotros". Y después este señor me platicó cómo vivían los cristianos en el pueblo de donde veníamos. Le confieso que al escuchar su historia, me tuve que poner de acuerdo con él en su evaluación de los cristianos. ¡Dios mío! Los cristianos en aquel pueblito se estaban portando muy mal.

La Biblia nos dice que por una sola cosa los demás sabrán que somos discípulos de Cristo. ¿Será por estar en todas las reuniones los domingos? ¡No! ¿Es por hablar y caminar de una forma especial? ¡No! Es por amarnos los unos a los otros. Yo quiero decirle que menciono todo esto porque quiero ir al cielo y yo sé cómo voy a llegar. El que ama a su hermano, en él no hay tropiezo. No hay posibilidad de que vaya a caer en pecado. Cristo nos puso en Él para que no practicáramos el pecado.

> *Hijitos, nadie os engañe; el que hace justicia es justo, como él es justo. El que practica el pecado es del diablo; porque el diablo peca desde el principio. Para esto apareció el Hijo de Dios, para deshacer las obras del diablo. Todo aquel que es nacido de Dios, no practica el pecado, porque la simiente de Dios permanece en él; y no puede pecar, porque es nacido de Dios (Juan 3:7-9).*

Cristo ha nacido en nosotros. Él no peca, y si estamos en Él y caminamos en Él, no pecaremos tampoco. Tampoco viviremos sin amor por nuestro hermano. Amaremos a todos.

Uno dirá: "Pero, me ofendió y me habló muy duro".

Yo le digo: "¡Perdónele!".

¿Cuántos no hemos sido ofendidos?

¿Cuántos no hemos ofendido?

Todos nosotros hemos sido ofendidos y todos nosotros hemos ofendido. ¿Qué vamos a hacer? Lo único que nos queda es perdonar. No hay otro camino para permanecer en Él. Cristo derramó su amor en nuestros corazones para que podamos amar a los hermanos.

> *En esto se manifiestan los hijos de Dios, y los hijos del diablo; todo aquel que no hace justicia, y que no ama a su hermano, no es de Dios. El que hace justicia es el mismo que ama a su hermano (1 Juan 3:10).*

El tema central de 1 de Juan, como quizá ya se dio cuenta, es el amor. El amor de Dios y el amor nuestro para los demás. Juan no lo puede decir con más claridad que esto, y es sencillo, no complicado. Si dice que es hijo de Dios, entonces tendrá amor por sus hermanos. Y Juan lo lleva un paso más allá al comparar la justicia con el amor. En otras palabras, la justicia es lo mismo que el amor.

La justicia sencillamente es el hacer las cosas según el diseño o la voluntad de Dios. Si estamos viviendo una vida completamente sometida a la voluntad de Dios y la manera que ha establecido para vivir (amando a los demás), entonces estaremos demostrando amor para todos.

Si usted es como yo, habrá ocasiones cuando no siente amor, ni por su familia ni mucho menos por los hermanos. ¿Qué puede hacer en este caso? ¿Tendremos que ser considerados personas injustas, sin amor? Pero le tengo buenas noticias, Dios no pide algo de nosotros que no está dispuesto a suplir también. Tenemos un Dios bueno, ¿verdad?

En Romanos 5:5 nos dice lo siguiente: *"Y la esperanza no avergüenza; porque el **amor de Dios ha sido derramado en nuestros corazones** por el Espíritu de Dios que nos fue dado"* (énfasis del autor). El mejor amor de todos, el de Dios, ya ha sido derramado por su Espíritu en cada uno de los que hayan puesto su esperanza en Él. Dios está derramando su amor, pero muchos de nosotros, cuando comienza a caer el amor en nosotros, decimos: "¡Espere! Yo no quiero usar este amor. Yo quiero guardar rencor". Y en lugar de comenzar a amar a las personas y perdonarles, preferimos andar con rencor y no perdonar.

En una ocasión, escuché a un hermano de mi iglesia, decir unas palabras que nunca olvidaré porque estoy convencido de que son la verdad. Él dijo: "El espíritu más lejos del Espíritu de Dios es el espíritu de no perdonar. El espíritu más lejos del Espíritu de Cristo es el espíritu de no perdonar". En otras palabras, si no camina en perdón, no está caminando con Dios. Al contrario, se está alejando de Dios. Por eso, es necesario examinarnos cada día. Yo tengo que examinarme todos lo días. Tengo que practicar lo que estoy enseñando o ¡ay de mí! Yo me estoy examinando, y permito también que Dios me examine. El rencor y la falta de perdón son cosas que pueden entrar en el corazón sin darse uno cuenta. Tiene que estar en alerta constantemente. Hay veces cuando Él saca cosas a la luz que yo ni sabía que estaban en mi corazón. Pero la examinación de nuestro corazón es para prepararnos para un encuentro con Él y para que podamos ser testigos fieles de Él. Podemos ser sus testigos "de la boca por afuera", pero si andamos con el diablo, ¿qué clase de testigos seremos?

El amor de Dios se manifiesta en el cristiano verdadero. Hermanos, el amor puro es el amor de Dios. Yo no escribí el libro de 1 Juan que encontramos en la Biblia, pero Dios inspiró a Juan a escribirlo para despertarnos a lo que es el verdadero cristianismo.

El verdadero cristianismo no es una lista de cosas que hay que hacer. El verdadero cristianismo es amar a su hermano, y si uno ama a su hermano va a ir a la iglesia porque quiere ver a sus hermanos a los cuales ama, y va a vaciar el bolsillo o la cartera para ayudar a su hermano que tenga necesidad. Este es el amor. Santiago lo dijo de esta manera: No me venga a decir que usted tiene fe si no tiene amor ni obras.

La verdadera fe va a causar caer el amor de Dios en su vida y el amor de Dios va a causarle hacer muchas cosas. Le va a impulsar hacer cosas como ir a África, o le llevará a cruzar al otro lado de la calle para compartir con sus vecinos del amor de Cristo. Algunos dirán: "Bueno, el pastor dijo que tengo que visitar a las personas y tocar su puerta. No me gusta, pero voy a hacerlo. Yo sé que todo esto es en vano porque mi vecino es muy mala gente. Nunca escuchará la Palabra de Dios. Yo voy a hacerlo de todas maneras, porque están diciendo en la iglesia que lo debo de hacer, pero no lo hago porque quiero hacerlo. Voy a cruzar la calle y tocar la puerta". Si lo hace con esa actitud, entonces sus palabras serán de condenación y no de amor y salvación. Terminará, quizá diciendo algo como: "Estoy aquí para decirte que eres un pecador de pecadores y si no cambias, terminarás en el fuego eterno. Yo estoy aquí para salvarte".

¡Dios mío! Sería mejor callar. Tenemos que amar a la gente. No tiene nada de malo tocar las puertas para hablar de Cristo, pero amar a sus vecinos es lo que producirá los verdaderos resultados. Si no está practicando el cristianismo en su casa, por favor, no lo exporte. No les hable a otros de Cristo, si usted anda mal en su casa. Si no está funcionando el cristianismo en su propia casa, no les diga a otras personas de Él. Primeramente entregue su propia vida a Cristo, y establezca una familia cristiana en su propia casa. No puedo juzgar a nadie, pero el mensaje que quiero enfatizar es que debemos amarnos los unos a los otros.

> *Porque este es el mensaje que habéis oído desde el principio: Que nos amemos unos a otros. No como Caín, que era del maligno y mató a su hermano (1 Juan 3:11-12).*

La persona que no ama, ¿de quién es? De Satanás, del diablo. Muchas veces viene el diablo a empujarnos a guardar rencor en contra de alguien, y el diablo nos anima a tomar ese paso, nos allana el camino. Pareciera que nos hacemos mejores amigos y andamos para todos lados acompañados de sus mentiras, juicios y rencores.

Yo espero que entendamos lo que Satanás está haciendo en nuestras vidas. En 2 Corintios nos dice que no debemos ignorar sus artimañas (2:11). Podemos tener por seguro que siempre será completamente lo opuesto a lo que Dios está haciendo, pero no cierre sus ojos a lo que pretende hacer en su vida y en la de los demás.

Le quiero hacer una pregunta: ¿Sabe lo que está haciendo Satanás en su vida? (Quiero repetir eso porque quiero que lo capte bien.) ¿Qué está haciendo Satanás en su vida? Yo puedo contestar esa pregunta. Todo su esfuerzo se enfocará en una sola meta: lograr que deje de amar a su hermano. Si usted no ama a su hermano, usted está en tinieblas y no sabe a dónde va. Podré asegurarle que no tiene una relación con Cristo, tiene una relación con Satanás. Lo opuesto al amor es el odio, y el odio es manifestación del maligno. El odio fue lo que llevó a Caín a matar a su hermano. Le ruego que no permita que las ofensas se apoderen de su vida, permitiendo que crezca una raíz de amargura que después llevará al odio. Permita que la luz del amor de Dios permee cada rincón oscuro de sus pasiones y deseos.

> *No como Caín, que era del maligno y mató a su hermano. ¿Y por qué causa le mató? Porque sus obras eran malas, y las de su hermano justas (1 Juan 3:12).*

¿Qué hizo Abel? Exactamente lo que Dios le había ordenado hacer: Le había instruido traer una ofrenda, un animal de un año, y derramar su sangre, que era un tipo de Jesucristo, y así lo hizo Abel. Pero, Caín en lugar de traer la ofrenda que Dios había ordenado, trajo sus propias ofrendas. La Biblia dice que Abel, por fe, ofreció un sacrificio más excelente. ¿De dónde viene la fe? De oír la palabra de Dios (Romanos 10:17). Dios ya les había dado instrucciones para el sacrificio que debían traer, y cómo debían traerlo, pero Caín pensó que se podía acercar a Dios como quisiera. Caín pensó que podría ofrecer un sacrificio mejor, un sacrificio que él escogiera. Pero el sacrificio que iban a traer era un tipo de Cristo. Dios no iba a recibir otro sacrificio, sino solamente el sacrificio que Él había pedido.

Hoy en día, tampoco vale ningún otro sacrificio. Jesús fue el sacrificio que Dios preparó para reconciliarnos con Él. Hay personas que quieren presentar su propio sacrificio y dicen: "Yo pequé y voy a ir a hacer un voto a la iglesia fielmente por un año y voy a pagar doble diezmo". Pero, la Biblia dice que cualquier obra que podríamos hacer para presentar ante el trono de Dios para comprar justicia es basura delante del Señor (Isaías 64:6). Esto es nuestro intento cubrir nuestros pecados con nuestras propias obras. No es malo ir a la iglesia todo el año, no es malo pagar doble diezmo, pero estas obras no cubrirán ningún pecado.

Las únicas obras justas son las que se parecen a las de Abel, según las instrucciones que Dios había dado. La obra de justicia para nosotros es la de recibir el sacrificio que Jesús ofreció en la cruz del Calvario por nosotros. Recibir esa obra de redención, conforme a las instrucciones de Dios, es nuestro acto de justicia. El acto que nos hace rectos ante Dios.

Hermanos míos, no os extrañáis si el mundo os aborrece (1 Juan 3:13).

El amor que Dios no trae la alabanza del mundo. Uno puede pensar que es cristiano y por eso todos le van a alabar. No se crea. Cuando yo veo a un cristiano en un trabajo o

en un negocio, yo le digo: "Sea usted buen testimonio de
Cristo…sea un buen testigo de Cristo. Sea un buen traba-
jador". Muchas veces hemos testificado de Cristo, pero no
queremos vivir para Cristo. ¿Cómo es vivir para Cristo en
su trabajo? En una compañía hay personas en su alrededor,
¿no? Así que, ¿qué es lo que va a hacer? Hay que amarles.
Pero, unos dirían: "¡Son pecadores! ¿Cómo puedo amarles?
No tengo nada en común con ellos". Cristo murió por nosotros cuando aun éramos pecadores.

Al practicar el amor hacia nuestro prójimo, nos gustaría
pensar que todos nos alabarán por un comportamiento tan
bueno y cristiano. Le tengo que avisar que probablemente
no será así siempre. Por supuesto, no todos le criticarán por
mostrar amor a los demás, pero muchos sí lo harán. No
entienden por qué tienen que amar hasta a sus enemigos, y
les parece muy extraño eso.

Cuando llegué a México, los evangélicos eran maltratados
por casi todos. No era popular llamarse evangélico. Hoy en
día es fácil comparado a cómo era antes. En aquellos años,
no era raro sufrir por sus creencias. Nos llegaron a correr de
muchos pueblos por predicar el evangelio. En los negocios,
nos trataban diferente por ser evangélicos. En ocasiones no
nos querían rentar o arrendar casas o locales para llevar a
cabo reuniones. Juan nos recuerda que esto no nos debería
extrañar. No hemos sido llamados a ser los preferidos de la
sociedad, al contrario, nos promete que seremos maltratados,
menospreciados, vituperados. Y no deberíamos de sentirnos
tristes cuando esto pase, deberíamos sentirnos bienaventu-
rados, bendecidos (Mateo 5:10-11).

> *Nosotros sabemos que hemos pasado de muerte a vida, en que amamos a los hermanos. El que no ama a su hermano, permanece en muerte. Todo aquel que aborrece a su hermano es homicida; y sabéis que ningún homicida tiene vida eterna permanente en él (1 Juan 3:14-15).*

El amor es lo que nos libra de la muerte. Una tremenda y poderosa verdad que el enemigo quiere que en todo momento olvidemos. Es el secreto de gozar de vida eterna en lugar de muerte permanente.

La Biblia lo dice claramente: nosotros sabemos que hemos pasado de la muerte a la vida, **en que amamos a los hermanos**. El que no ama a su hermano, permanece en muerte. Si no ama a un solo hermano, está todavía en muerte, está en tinieblas y no sabe a dónde va. Porque si supiera a dónde va, cambiaría su rumbo ya que está en el camino que lleva a la destrucción todos aquellos que no aman a su hermano.

El verso dice: "Todo aquel que aborrece a su hermano…" La Real Academia Española define "aborrecer" de esta forma: 'Tener, o pasar a tener, aversión [a una persona o cosa]'. Nosotros no usamos esta palabra "aborrecer". Dirá: "Ah, bueno, ya me salvé". Pero, ¿en alguna ocasión ha escuchado la frase (especialmente en México): "No me cae bien, me cae gordo"? Esta frase, significa lo mismo que "aborrecer" a alguien. Cuando nos cae gordo alguien, le tenemos aversión, evitamos contacto con él o ella.

Pero, la Biblia dice que todo aquel que aborrece a un hermano, o si hay un hermano que no le cae bien, es igual que ser homicida. ¡Homicida! Si nos detenemos a pensar lo que realmente implica esto, estaríamos todos temblando. ¿Cuántas veces no hemos pensado o dicho que le tenemos aversión a cierta persona? ¿Que no la queremos ver ni saludar? Creo que hemos pensado que aborrecer es algo parecido al odio, pero la verdad es que no lo es. Yo le tengo aversión a muchas cosas. Y si soy honesto, también les he tenido aversión a algunas personas a lo largo de los años. Por esta razón, constantemente tengo que permitir que el Señor examine mi corazón para tratar con estas situaciones lo más pronto posible.

Hace años yo estaba enseñando sobre la necesidad de amar a todos sus hermanos, y mientras yo hablaba el Señor me mostró que yo estaba enojado con un vecino. Me estaba predicando a mí mismo. Es incómodo cuando Dios tiene que hablarle en medio de su propio sermón, pero eso fue lo que me sucedió en aquella ocasión. Dios me preguntó: "¿Y tu vecino?", y me acordé del problema con mi vecino. Ahora, yo no quiero enseñar esta palabra si no la estoy practicando. Es mu-u-u-uy fácil enseñar algo, pero es otra cosa practicarlo. Es un trabajo diario porque necesitamos examinarnos diariamente, y tener la fe para practicarlo.

El amor que tiene por sus hermanos es la mejor prueba de qué tan espiritual es usted y la prueba de ser un verdadero cristiano. Muchos piensan que alguien espiritual es la persona que tiene muchos dones, o hace milagros, o pronuncia profecías. Yo he visto a personas con dones espirituales en sus vidas, pero lidian con rencor, amargura o aun odio en su vida. Este es un tema difícil porque casi todos nos hemos preguntado en algún momento respecto de personas que aunque es evidente que Dios las usa, también es evidente que lidian con problemas serias en su vida espiritual. Así que, si tiene muchos dones no quiere decir que sea la persona más espiritual. Su amor es la única muestra de esto.

El tener dones no es malo. En el Cuerpo de Cristo son necesarios e importantes cada uno de los dones. Sin embargo, es clara la Palabra cuando liga el amor y los dones como una expresión unificada al Cuerpo. Tenemos que seguir el amor y desear los dones espirituales, y una cosa no se debe separar de la otra. Especialmente cuando se trate de la restauración de un hermano que haya caído en el pecado. Por ejemplo, si yo caigo en rencor y amargura, no quiero que me manden con uno que me vaya a profetizar. Probablemente me diga algo como: "Así dice el Señor, sabía que ibas a caer y que andabas mal. Lo que te está pasando lo mereces". Por supuesto que eso no me va a ayudar. Mejor mándeme con alguien que me ame, con uno que diría: "Hermano Francisco, Dios te ama y yo te amo...". "Pero, yo pequé". Alguien que conoce la Palabra y anda en amor entonces me podría decir: "Sí, pero Dios es muy misericordioso y murió por ti. No ha terminado contigo. ¡Levántate!". Si continúo clamando y diciendo: "¡No puedo! He cometido demasiados pecados, he ofendido demasiado".

El hermano que me ama: "Sé que puedes. ¡Levántate! Dios te ama y está restaurándote".

"¿El Señor me ama? ¿Me está restaurando? ¡Aleluya! Su sangre me limpia de todo pecado. ¡Gracias Señor por tu misericordia, tu amor, tu bondad!". La Biblia dice en Gálatas 6:1 que si alguno ama a su hermano y ve a su hermano caer en pecado, el que es espiritual debe ir para restaurarle, y estoy convencido que sólo el que ama puede ser instrumento de restauración en la vida de alguien que se haya caído.

Así que, si yo caigo en un pecado no me mandé alguien que no sea espiritual. ¿Quién es la persona verdaderamente espiritual? El que ama a su hermano. Puede tener dones en su vida y ser una persona que no tiene amor, y será difícil para usted restaurar al hermano caído. La persona espiritual será aquella que anda en amor y armonía con todos. Tenga cuidado con aquellos que exhiban muchos dones, pero no exhiben amor.

Entonces, practicando este amor hace que el cristiano, el hijo, tenga confianza con Dios. Usted puede verlo en un niño que tiene confianza con su padre. Llega con su papá y dice con confianza: "Papá, por favor, dame este regalo o aquel dinero". Pero si el niño no tiene una buena relación con su papá, lo único que hará al verle es esconderse, y no se atreverá a pedirle nada. Tiene una falta de confianza, y lo mismo pasa con nosotros cuando no andamos bien con Dios. Mejor, salgamos de la muerte de la falta de amor y entremos a la luz de su amor verdadero. Andemos como sus hijos, en buena relación con Él y con los demás.

> *En esto hemos conocido el amor, en que él puso su vida por nosotros; también nosotros debemos poner nuestras vidas por los hermanos. Pero el que tiene bienes de este mundo y ve a su hermano tener necesidad, y cierra contra él su corazón, ¿cómo mora el amor de Dios en él? (1 Juan 3:16-17).*

Este verso nos está diciendo que debemos estar dispuestos a poner nuestras vidas por los hermanos. ¿Está preparado a morir por sus hermanos? Yo siempre les digo a las señoritas que deben buscar un joven que esté listo a morir por ella, y si lo llegan a encontrar, deben casarse con él. Pero, si él no está dispuesto a morir por ella entonces él no tiene el amor de Cristo para ella y no debe casarse con él. Quizá ella es muy bonita y él sólo quiere casarse con ella para tener una esposa bonita, pero sabemos que la hermosura es solamente superficial. Lo que está adentro que vale más que cualquier otra cosa. Jóvenes, fíjense más en lo que tiene alguien en su corazón. ¿Tiene amor hacia Dios y los demás? ¿Muestra este amor?

El amor sin hechos es muerto, igual que la fe. Si amamos a nuestros hermanos, debemos estar dispuestos también a poner bienes de este mundo a su disposición si es que tienen necesidad. Yo sé que en nuestras culturas latinas, esta costumbre se practica mucho, pero creo que podemos mejorar. Es común buscar acumular más y más bienes, pero muchas veces es sólo para nuestro beneficio. Me gusta lo que he escuchado: "Somos bendecidos para ser una bendición". Si usted toma esto como su lema en la vida, jamás caerá en la apatía y el amor de Dios morará más y más en usted.

En ocasiones, podríamos pensar que el hermano tiene necesidad porque es perezoso y no quiere trabajar y por eso decidimos cerrar nuestro corazón contra él. Pero le pregunto: ¿Cómo mora el amor de Dios en una persona que reacciona así? ¿Sabe lo que dice la Biblia? *"A Jehová presta el que da al pobre, y el bien que ha hecho, se lo volverá a pagar"* (Proverbios 19:17). Cuando usted y yo ayudamos a los pobres, estamos poniendo dinero en el banco del Señor y los intereses que Dios paga son increíbles. Más que la taza que pueda pagar cualquier banco, por muy generoso que parezca.

Ahora, tengo que aclarar que si usted es cabeza de una familia, su primer deber es hacia ellos, también la Biblia es muy clara en eso (vea 1 Timoteo 5:8). Pero mi punto es que no podemos ni debemos juzgar la necesidad de alguien, si sea mayor o menor, sino que si tiene la forma de hacerlo, ayúdele.

> *Hijitos míos, no amemos de palabra ni de lengua,*
> *sino de hecho y en verdad (1 Juan 3:18).*

Es muy claro aquí que no debemos amar solamente en palabra, sino con nuestras acciones, con nuestra ayuda, y en esto conocemos que somos de la verdad, y aseguramos nuestros corazones delante de Él. Creo que esta idea no es difícil de captar. Como me gusta hacer, veamos el ejemplo de nosotros mismos. Ninguna señorita creerá al novio que le esté profesando un amor eterno si es que nunca haya hecho algo para respaldar sus palabras. Algo como comprar un anillo para colocar sobre su dedo, pedir su mano en matrimonio, invertir tiempo, esfuerzo y dinero en su noviazgo. ¿Se fija? Los hechos siempre hablan más que sólo palabras.

¿Cómo puede saber que usted es un buen cristiano? Si está ayudando a los necesitados, y andando en el amor con su hermano. Las dos señales más claras de alguien que verdaderamente tiene, no sólo profesa tener, una relación con Dios.

> *Y en esto conocemos que somos de la verdad, y*
> *aseguraremos nuestros corazones delante de él,*
> *pues si nuestro corazón nos reprende, mayor que*

> *nuestro corazón es Dios, y él sabe todas las cosas.*
> *Amados, si nuestro corazón no nos reprende,*
> *confianza tenemos en Dios; y cualquiera cosa*
> *que pidiéremos la recibiremos de él, porque*
> *guardamos sus mandamientos, y hacemos las*
> *cosas que son agradables delante de él (1 Juan*
> *3:19-22).*

Muchas veces oímos a personas citar el verso 22—*cualquiera cosa que pidiéremos la recibiremos de él*—y lo usan para reclamar lo que quieren de Dios. Pero, no quieren leer los versos anteriores que son la base del verso 22. Estos versos nos hablan claramente de la necesidad de amar a nuestros hermanos y ayudarles cuando tienen necesidad. Me gusta este pasaje porque me anima a seguir la compasión que Dios pone en mi corazón hacia los demás. No quiero que mi corazón en algún momento me condene ante Dios, así que, hago todo lo posible por cumplir lo que Dios pone en mi corazón: ayudar a mis hermanos, dar de mis finanzas, dar de mi tiempo; amar a todos. Para mí, siempre es mejor poder dar que recibir. Me gusta recibir, pero me produce mucho gozo poder dar.

El río Jordán nos da un ejemplo perfecto de eso. Cuando yo estuve en Israel, visitamos el mar de Galilea. Es un lago, o mar, muy grande, muy bonito, pero el agua que entra al mar viene desde el norte y sale por el lado del sur, y ése es el río Jordán. Cuando sale el agua del mar de Galilea es muy limpia y pura. Allí hay muchos peces y vida marina. El río, sigue su cause hasta llegar al mar Muerto o el mar Salado en el sur del país.

También visitamos el mar Muerto. No me metí al agua, pero vi a muchas personas bañándose en el agua. Estaban sentados en el agua como si fuera un sillón, leyendo un periódico o un libro. Estaban flotando por encima del agua. El agua está tan pesada que uno puede flotar, sin ayuda, arriba del agua y leer el periódico al mismo tiempo. Es muy interesante. Pero sigue siendo un agua que no sirve más que para sacar sal. No produce ninguna clase de vida, sólo muerte.

Es un mar de agua saturada de sal y sin ningún tipo de vida marina. Quiero que use la imaginación para captar el cuadro: El agua que llena el mar de Galilea baja de las montañas y es limpia y pura. Corre por el río Jordán por muchos kilómetros y al fin llega hasta el mar Muerto, o Salado, y allí se detiene el fluir del agua. En el mar Muerto no puede existir ninguna clase de vida, solamente muerte. ¿Por qué? Porque el agua que entra al mar Muerto, no tiene ninguna salida. En el mar Muerto el agua se queda estancada.

La vida cristiana es igual. Si estamos dando (el agua fluyendo), Dios sigue dándonos bendiciones. Vamos a recibir y dar, recibir y dar. La Biblia dice que no debemos guardar nuestros tesoros aquí en la tierra porque los tesoros aquí se van a deshacer, pero los tesoros en el cielo son los que permanecen. La Biblia dice que donde está nuestro tesoro, allí estará también nuestro corazón. Eso no quiere decir que no vamos a tener carros y casas o que no serán suplidas nuestras necesidades, pero no debemos estar amontonando las cosas aquí en el mundo. No hay seguridad en la posesión de muchas cosas. La única seguridad de inversión es la que hagamos en el reino de los cielos.

Cuando yo era adolescente tenía un trabajo de entregar

periódicos en las casas de varias personas que habían hecho una subscripción para recibirlo cada día. Me levantaba muy temprano cada día y salía de mi casa para entregar el diario. Mi patrón tenía a su cargo un grupo de muchachos que hacían este trabajo y él y yo llegamos a ser muy amigos. El salario que recibía mi patrón en realidad era muy poco, pero un día me sorprendió al decirme: "Francisco, antes yo tenía varios negocios", y empezó a contarme de los negocios que él había tenido. Siguió: "Yo tenía mucho dinero en el banco".

Me platicó que él había metido todo su dinero en un mismo banco. Pero un día en el 1929, fallaron todos los bancos en los Estados Unidos, todos los bancos quedaron en bancarrota. Me platicó que en el día que fallaron los bancos, él había perdido todo: sus negocios y muchos miles de dólares. Un día era rico y el siguiente día no tenía para pagarles a sus empleados ni para liquidar sus deudas. En un solo día, su vida había cambiado por completo.

Las riquezas inciertas tienen alas y la Biblia dice que se van, pero si estamos basando nuestras vidas sobre las promesas de Dios y si andamos en el amor con nuestro hermano, no hay caída, no hay tropiezo sino que vamos a caminar bien y serán suplidas todas nuestras necesidades. Quite de mí todos mis bienes y todas mis deudas a la misma vez, pero no me quite las promesas de Dios. Puede dejarme en un desierto y yo voy a salir bien, porque ya hemos visto que Él puede suplir agua y comida en el desierto y también puede suplir todas las necesidades de su pueblo. Solamente hay que confiar en Él.

Y el que guarda sus mandamientos, permanece
en Dios, y Dios en él. En eso sabemos que él per-
manece en nosotros por el Espíritu que nos ha
dado (1 Juan 3:24).

Muchas veces somos creyentes, pero no somos hacedores
de sus mandamientos. Somos oyentes, y no hacedores. Los
mandamientos son sencillos: Ame a Dios y ame a su prójimo. El que cumple estos mandamientos, no se tiene que
preocupar por si está en una relación con Dios o no. En realidad, está permaneciendo en Dios, y Dios está en él. Una
tremenda promesa, ¿no cree?

Y si se pregunta: Pero Dios es espíritu, ¿cómo sabremos
que está permaneciendo en alguien? Dios manda a su Espíritu para permanecer o morar en nosotros. Y este Espíritu
produce ciertos resultados, o fruto, que luego hace evidente
que Dios está permaneciendo en nosotros (Juan 15:2-5).

Primera de Juan
CAPÍTULO 4

CREO QUE EN estos días, el mundo espiritual se estará manifestando más y más de formas que quizá no se habían visto anteriormente. Pero, estoy convencido de que muchas veces estas manifestaciones de huestes de maldad serán de maneras muy sutiles que no espantarán a nadie. Serán en formas de pensar, filosofías "nuevas", falsas religiones que dependen de una falsa interpretación de la Palabra. Sabemos que Satanás conoce la Palabra (estudie el relato de la tentación de Jesús en Lucas 4:1-13), así que no es imposible pensar que utilizará las mismas tácticas para engañar y confundir el día de hoy.

> *Amados, no creáis a todo espíritu, sino probad los espíritus si son de Dios; porque muchos falsos profetas han salido por el mundo (1 Juan 4:1).*

Muchas veces miramos a uno que está poseído por un demonio, un espíritu maligno, y pensamos que el diablo siempre se manifiesta de esa manera. Eso no es verdad porque hay veces cuando el demonio se manifiesta como algo feo, pero en otras ocasiones puede manifestarse como un ángel de luz. Por eso es tan importante lo que nos enseña este verso. No podemos asumir que el enemigo siempre se presentará de las mismas maneras. Estará buscando las formas que servirán para engañar más efectivamente.

Cuando vienen personas conmigo y me dicen: "Quiero mostrarte algo nuevo, una doctrina nueva o una revelación nueva que escuché o vi". Mi respuesta a ellas siempre es la misma: "Entonces muéstramelo en la Biblia primero. Yo quiero ver algo que está en la Biblia, no algo nuevo".

Esta "cosa nueva" puede ser algo que ha inventado o fabricado el enemigo para tentarnos a creer o hacer algo que no es la voluntad de Dios. Su deseo es robar, matar, destruir, siempre. Así que, tengamos muchísimo cuidado al abrirnos ante alguna doctrina, idea o filosofía "nueva".

Personas llegan con una mezcla de la Palabra y sus propias ideas y pueden causar el tropiezo de muchas personas que tengan esta costumbre de probar los espíritus. Es su responsabilidad como creyente probar lo que permite entrar a su espíritu. Tenga mucho cuidado y astucia.

> **En esto conoced el Espíritu de Dios: Todo espíritu que confiesa que Jesucristo ha venido en carne, es de Dios (1 Juan 4:2).**

Hay ocasiones cuando no entendemos el significado de algún verso y nos preguntamos qué significa. No entendemos porque no estamos leyendo la Biblia en el idioma original. Tenemos que estudiar y saber que es lo que significa en el lenguaje original. Esta palabra "Jesucristo" significa "Jehová Salvador", y cuando uno entiende esto, cambia todo el significado del verso. "Todo espíritu que confiese que Jehová Salvador—significa Dios mismo—llegó a este mundo y también es el Cristo, es de Dios". Cristo es el Mesías que Dios había prometido durante siglos. Este Mesías tenía que llegar de la descendencia de David al mundo. ¿Y por cuál tribu llegó? Por la tribu de Judá. Él nació y es Dios manifestado en carne.

Entonces la última parte del verso puede ser leído así: *"Entonces todo espíritu que confiese que Dios ha llegado en carne—y que es la persona profetizado que iba a ser la descendencia de David—es de Dios".*

> *...y todo espíritu que no confiesa que Jesucristo ha venido en carne, no es de Dios; y este es el espíritu del anticristo, el cual vosotros habéis oído que viene, y que ahora ya está en el mundo (1 Juan 4:3).*

Puedo decir, sin temor a equivocarme, que existen aun hoy en día, grupos que no están confesando que Jesús vino en la carne. Muchos dirían que simplemente son personas que creen de otra manera, pero yo digo que son creencias que provienen del espíritu del anticristo. Anticristo simplemente quiere decir algo que está en contra de Cristo Jesús. Cualquier doctrina, profecía, creencia que no profesa que Jesús vino en la carne, ha sido iniciada por un espíritu lejos del espíritu de Dios.

Algunos dicen que Cristo es "un dios", pero no afirman que **es** Dios. Dicen que Cristo es uno de muchos dioses. Según lo que creen, nosotros mismos estamos llegando a ser dioses. Pero la Biblia dice Jehová-Salvador-Mesías, ha llegado en la carne. Es Dios manifestado en la carne. Vamos a ver en el libro de Isaías, porque allá hay algunos versos que son de mucha importancia.

Por tanto, el Señor mismo os dará señal: He aquí que la virgen concebirá y dará a luz un hijo, y llamará su nombre Emanuel (Isaías 7:14).

¿Qué significa la palabra "Emanuel"? Significa: "Dios con nosotros". Una gran verdad de la llegada de Jesús. No se nos olvide nunca que Dios deseaba tanto una restauración de la relación que se perdió en el Jardín que estuvo dispuesto a dejar su trono, vestirse de humanidad y morir en una cruz. Esto es "Dios con nosotros", sin lugar a dudas. En 1 Timoteo 3:16, leemos otra descripción de esta manifestación de Dios con nosotros: *"E indiscutiblemente, grande es el misterio de la piedad: Dios fue manifestado en carne; Justificado en el Espíritu, Visto de los ángeles, Predicado a los gentiles, Creído en el mundo, Recibido arriba en gloria".* Aquí dice claramente que Dios fue manifestado en carne. Cristo no es un dios o una parte de Dios, sino que es Dios mismo.

Si alguien pregunta: "¿Cómo puedo saber cómo es Dios?". Yo le contestaré: "Pues, mire a Jesucristo". Él es la imagen misma de Dios. Jesús es la manifestación de toda la plenitud de Dios.

Podrá decir: "Pero Cristo es sólo el Hijo". Jesucristo as el Hijo, pero también es Dios. Dios manifestado en la carne. Esta manifestación es el Hijo de Dios, pero Dios es el que se está manifestando.

Si alguien le pregunta cómo sabemos esto, le puede mostrar este pasaje en Isaías: *Porque un niño nos es nacido, hijo nos es dado, y el principado sobre su hombro; y se llamará su nombre Admirable, Consejero, Dios Fuerte, Padre Eterno, Príncipe de Paz, (9:6).* El niño que nació se llama Jesús, pero también es Dios fuerte, Admirable, Consejero, Padre eterno y Príncipe de paz. Jesús es Dios y también Hombre.

¿Dijo Cristo que yo y mi Padre somos cuatro? ¡No! Dijo que somos Uno. Hay un solo Dios. Los paganos creen en muchos dioses. Nosotros creemos en un solo Dios y este único Dios se manifestó en carne y esta manifestación es el Hijo de Dios, Jesús.

Él tomó la forma de un cuerpo humano para salvarnos muriendo en la cruz del Calvario.

No hay un nombre más alto que el nombre de Jesús. No podemos ser salvos por otro nombre, solamente por el nombre de Jesús. En los tiempos de los apóstoles y en los tiempos de hoy solamente el nombre de Jesús tiene valor. Todos los demás son inferiores. No tienen el poder que tiene el maravilloso nombre de Jesús.

Quiero mencionar a otro grupo con el que hay que tener cuidado en cuanto a sus enseñanzas sobre el nombre de Jesús. Ellos ponen mucho énfasis en el nombre Jehová. Yo estoy de acuerdo con que Jehová es importante. Pero al referirnos a "Jehová Salvador" estamos hablando de Jesús. Ellos no quieren aceptar esta verdad. Cualquier libro que usted estudie y tiene las palabras de la Biblia en el idioma original de la Biblia—no importa cual libro sea—va a decirle que el nombre de Jesús significa "Jehová Salvador", porque ese es el significado del nombre. Yo he estudiado algunos libros en relación a este asunto y todos dicen lo mismo. El nombre Jesús es la combinación de los dos nombres: Jehová y Salvador. De esta manera, estos testigos enseñan y creen lo siguiente: "Jesús no es Jehová manifestado en carne". Pero, ya hemos visto que esto no es verdad.

Quizá usted no entiende porque hablo tanto de este asunto, pero en mi opinión es muy importante porque muchas veces estamos tratando de ubicar dónde está el enemigo, y no sabemos dónde está. Creo que en muchas ocasiones, la táctica del enemigo es efectivamente cegar el entendimiento de las personas a la verdad del poder que tiene el nombre de Jesús. En mi opinión, ese es el corazón de muchas falsas doctrinas.

> *Hijitos vosotros sois de Dios, y los habéis vencido;*
> *porque mayor es el que está en vosotros, que el*
> *que está en el mundo (1 Juan 4:4).*

El que vive en usted es Dios, y si viene el demonio para atacarle, Dios peleará contra él. Le ayudará a identificar y correr y derrotar al enemigo. Cristo no usó el mismo método cada vez. En el libro de los Hechos 19:13-17, los hijos de un sacerdote trataron de usar la misma fórmula que habían oído de los apóstoles. Dice la Biblia que llegaron con un hombre endemoniado y dijeron: "En el nombre de Jesús, el que predica Pablo, te mando que salgas".

Y cuál fue su sorpresa cuando el demonio respondió: "A Jesús conozco, y a Pablo conozco, pero tú, ¿quién eres?".

Luego el demonio se echó encima de ellos y los dejó sangrientos, desnudos y medio muertos, porque no estaba en ellos Aquel que es mayor que el que está en el mundo. Si tenemos a Cristo, y si andamos en amor, tenemos un dominio sobre todos los demonios. Cuando usted viene con la luz, el demonio va a correr. Si usted viene en pos de él con la luz para echarle fuera, el demonio va a salir. Si usted va a echar fuera un demonio y andar en la luz, usted tendrá que correr en pos del demonio para alcanzarlo, porque ¡él va estar huyendo de usted!

Yo recuerdo a un ministro que trataba de mostrar, tal vez, lo insensato que son algunas de nuestras formas o "recetas", para echar fuera a los demonios. Era un hombre muy famoso por muchos años, porque Cristo lo usaba. Pero pasaba algo, él siempre utilizaba la misma "fórmula" y la misma rutina cada vez que echaba fuera un demonio. Sin embargo, yo creo que si uno va a imitar a Cristo, no va a hacer la misma cosa cada vez. ¿Recuerda los ejemplos que leemos en la Biblia de las veces que Jesús echaba fuera demonios? Cada vez hacía algo diferente.

En una ocasión, Cristo escupió en el lodo para sanar los ojos de un ciego. En otra, mandó que los demonios entraran en unos cerdos. Cada milagro era diferente. Tengamos cuidado, entonces, si deseamos imitar a Jesús en todas sus actividades. Quizá para usted, colocarle lodo a un ciego lo hará más ciego. Tenemos que escuchar la voz del Espíritu Santo y hacer exactamente lo que nos diga. Nada menos y nada más.

Pero, aquí estaba este hermano tratando de hacer las cosas como él siempre los había hecho y estaba siguiendo su rutina. Él creía que para echar fuera un demonio era necesario saber el nombre del demonio y por eso cuando oraba, siempre le preguntaba al espíritu maligno: "Dime tu nombre".

Si respondía el maligno: "Me llamo mentira".

El ministro comenzaba: "Tú, demonio de la mentira, te echo fuera…" pero después se detendría y diría: "Demonio de la mentira, ¿me estás diciendo la verdad?".

Podemos caer en muchos problemas al utilizar fórmulas. Es mucho mejor seguir las instrucciones de nuestro Señor, y sin importar lo que nos diga, hacerlo y si somos obedientes entonces se cumplirá Su voluntad.

Hay un testimonio de unos misioneros que entraron en una parte del mundo donde se practicaba mucha hechicería. Cuando llegaron, un brujo, un hechicero, platicaba que él veía a los demonios huyendo del pueblo. Y esto sucedía solamente cuando los misioneros entraban al pueblo. A raíz de eso, el hechicero se entregó al Señor Jesucristo. ¿Por qué? Porque cada vez que los misioneros entraban al pueblo, él veía la luz y el poder de Dios. Por eso se convirtió.

¿Dice la Biblia que si resistimos a Satanás nos va a atacar? ¡No! ¡Satanás no nos va atacar, sino que va a huir de nosotros! Pero, muchas veces no tenemos esta confianza en nuestra posición espiritual. La confianza viene por medio de obedecer la Palabra de Dios y obedecer la Palabra de Dios es **amar a su hermano**. El verdadero amor se muestra en amar a cualquier hermano y si amamos a todos los hermanos, tenemos confianza, tenemos luz y tenemos poder.

Entonces, ¿cómo podemos vencer a los demonios? Porque tememos a Aquel "que es mayor" en nuestro corazón, nos mostrará dónde está el demonio y cómo podremos vencerle. Así que, no debemos usar fórmulas para cumplir la obra del Señor. La manera de ejercer autoridad sobre el enemigo y vencer al diablo es permanecer en Él es andar en el amor.

No siempre tendremos lucha con los demonios directamente, sino que también los falsos maestros presentan un peligro muy real al Cuerpo de Cristo. Así que, debemos estar conscientes de nuestra posición y ejercer la autoridad que Dios nos ha dado por medio de Jesús.

En el siguiente pasaje aprendemos cómo identificar a maestros falsos.

> *Nosotros somos de Dios; el que conoce a Dios, nos oye; el que no es de Dios, no nos oye. En esto conocemos el espíritu de verdad y el espíritu de error. Amados, amémonos unos a otros; porque el amor es de Dios. Todo aquel que ama, es nacido de Dios, y conoce a Dios (1 Juan 4:6-7).*

Aquí vemos la evidencia de los que son maestros falsos: Son personas que no quieren oír la Palabra de Dios. Todos los maestros de doctrinas falsas vemos que aun el día de hoy, siguen con una aversión a la Palabra de Dios. Simplemente, no la quieren oír. Ellos quieren hablar sus propias doctrinas, sus propias ideas y palabras. Creo que esto sería estar cegado a la falsedad que uno está enseñando o creyendo y de esa manera ni escucha, o no percibe, la verdad que llega al conocer y oír a Dios.

Otra prueba para aquellos que se denominan maestros es el amor que manifiestan. Es tan sencillo: si amas, has nacido de Dios porque el amor es de Dios. En otras palabras, si alguien muestra un genuino amor por su prójimo, no cabe duda que sea de Dios, porque sólo Dios puede dar esa clase de amor. El diablo jamás pondrá amor en el corazón de alguien.

Así que, si alguien llega declarando que ama a Dios pero después de pasar un poco de tiempo con ellos se da cuenta que están guardando rencor y malos sentimientos contra esta o aquella persona, entonces tal persona es mentirosa y no mora Dios en su corazón.

La Biblia dice que el que es nacido de Dios ama y camina en el amor. Todo aquel que ama es nacido de Dios y conoce a Dios. Así que cuando alguien dice: "Yo tengo una relación íntima con Dios", pero no ama a su hermano, es posible que no esté diciendo la verdad. El hombre (o la mujer) que ama es de Dios porque el amor proviene de Dios.

> *En esto mostró el amor de Dios para con nosotros, en que Dios envió a su Hijo unigénito al mundo, para que vivamos por él. En esto consiste el amor: no en que nosotros hayamos amado a Dios, sino en que él nos amó a nosotros, y envió a su Hijo en propiciación por nuestros pecados (1 Juan 4:9-10).*

La prueba del amor de Dios por el hombre fue la muerte del Señor Jesucristo por nosotros. Dios nos amó con sus hechos. Usted no puede decir: "Cristo no me ama", porque Cristo murió por usted. En ningún momento se podría dudar del amor de alguien que haya muerto por uno.

Ese es el amor de Dios. Si no existe esa misma clase de amor en nosotros vamos a tener prejuicios, vamos a amar a uno y no al otro, vamos a vivir siempre con conflictos en todas las áreas de nuestra vida. Pero, si mora el amor de Dios en nosotros, amaremos a todos. ¿Puede pensar en una persona a la que usted no ame? Si su repuesta es "Sí", entonces tiene mucha tarea espiritual por delante, porque todavía está en tinieblas.

La única forma de amar a todos es si imita el amor de Dios por la humanidad. Se nos dice que debemos ser imitadores de Dios. Pero, ¿cómo podemos ser imitadores de Dios? Cuando tenemos a Dios en nuestros corazones podemos ser imitadores de Cristo. Ahora, no sucederá con nuestra propia fuerza sino que nuestra carne tiene que estar crucificada. La Biblia dice: "Ya no vivo yo, mas vive Cristo en mí". ("Con Cristo estoy juntamente crucificado, y **ya no vivo yo**, mas vive Cristo en mí; y lo que ahora **vivo** en la carne, lo **vivo** en la fe del Hijo de Dios, el cual me amó y se entregó a sí mismo por mí", Gálatas 2:20).

EVIDENCIAS DE TENER EL ESPÍRITU DE DIOS

> *"En esto conocemos que permanecemos en él, y él en nosotros, en que nos ha dado de su Espíritu. Y nosotros hemos visto y testificamos que el Padre ha enviado al Hijo, el Salvador del mundo. Todo aquel que confiese que Jesús es el Hijo de Dios, Dios permanece en él, y él en Dios. Y nosotros hemos conocido y creído el amor que Dios tiene para con nosotros. Dios es amor; y el que permanece en amor, permanece en Dios, y Dios en él.... En el amor no hay temor, sino que el perfecto amor echa fuera el temor; porque el temor lleva en sí castigo. De donde el que teme, no ha sido perfeccionado en el amor" (1 Juan 4:13-16, 18).*

Las evidencias de tener el Espíritu de Dios en nosotros son: 1) Confesar que Jesús es el Hijo de Dios; 2) permanecer en el amor de Dios; 3) no tener temor, y 4) amar a su hermano.

Hermanos, este no es un mensaje de Francisco Warren, o sea mío. No es algo que yo fabriqué ni inventé. Esto es sólo lo que está en la Biblia. Yo no inventé ninguna de estas palabras y solamente estoy diciendo lo que la Biblia dice. La Biblia fue inspirada por Dios. Las palabras que contiene, son vida para nosotros y se aplican igual a todos nosotros. Cada vez que yo doy clases sobre este libro, estoy escuchando cada palabra que digo porque toda la enseñanza se aplica también a mí. Siempre he dicho que yo no quiero enseñar una cosa y practicar otra.

Ya hemos hablado a fondo de casi todas estas áreas. La Biblia es muy clara y no es difícil captar el mensaje principal de esta epístola. Si hay un tema, sin embargo, que me gustaría mencionar aquí. Me gustaría mencionar algo sobre el temor.

El temor es algo con que muchos de nosotros luchamos. Si no hoy, en el pasado, hemos sentido las garras con las que el temor nos puede herir y controlar. No quiero que nadie sienta condenación por sentir temor, pero sí le quiero animar a salir de abajo del peso que el enemigo ha puesto sobre usted para que sea libre para amar y seguir la voluntad de Dios para su vida.

Voy a decir lo siguiente, pero escuche con la base de lo anterior: Si hay temor en nuestra vida, no tenemos el amor que necesitamos. El temor no es el plan de Dios para ninguno de nosotros. En la Biblia vemos muchos lugares donde Cristo nos dice que no debemos temer, que solamente debemos creer, y mientras creamos llegará la presencia de Dios sobre nosotros que trae consigo el amor perfecto. Ese amor que echa fuera el temor, porque en el amor no hay temor.

> *Nosotros le amamos a él, porque él nos amó*
> *primero. Si alguno dice: Yo amo a Dios, y abo-*
> *rrece a su hermano (o tiene un hermano que no le*
> *cae bien), es mentiroso. Pues el que no ama a su*
> *hermano a quien ha visto, ¿Cómo puede amar a*
> *Dios a quien no ha visto? (1 Juan 4:19-20, parén-*
> *tesis añadido por el autor).*

Vamos a repetir lo que dice aquí: "Si alguno dice: Yo amo a Dios, y hay un hermano que 'no le cae bien', es mentiroso. Pues, el que no ama a su hermano a quien ha visto, ¿cómo puede amar a Dios que no ha visto?". No podemos escapar de esto. Es tan claro. No es una teología profunda, llena de secretos ni es muy complicada. No nos lleva a decir: "No tengo que obedecer eso porque no lo entiendo". Cualquier persona puede entender esta verdad. Si no ama a alguien que sí ve, no será posible amar de verdad a alguien que no haya visto. Bien dice el dicho que de la vista nace el amor. ¿Por qué? Porque así somos los humanos, y cuando nuestro amor es humano será fácil que se agote. Pero, si permitimos que Dios derrame de su amor en nuestro corazón, entonces sí podremos amar como Él nos ama y de verdad.

Primera de Juan
CAPÍTULO 5

Todo aquel que cree que Jesús es el Cristo, es nacido de Dios; y todo aquel que ama al que engendró, ama también al que ha sido engendrado por él. En esto conocemos que amamos a los hijos de Dios, cuando amamos a Dios, y guardamos sus mandamientos. Pues este es el amor a Dios, que guardemos sus mandamientos; y sus mandamientos no son gravosos. Porque todo lo que es nacido de Dios vence al mundo; y esta es la victoria que ha vencido al mundo, nuestra fe. ¿Quién es el que vence al mundo, sino el que cree que Jesús es el Hijo de Dios? (1 Juan 5:1-5).

EN ESTE MUNDO tendremos luchas y pruebas, Jesús lo dijo, pero aquí encontramos la clave para seguir viviendo una vida en victoria: nuestra fe. La fe es el vencedor principal en el conflicto con el mundo. La fe funciona para crear el amor de Dios en nuestras vidas. Ese amor que será lo que nos lleva a guardar sus mandamientos y a amar a los hijos de Dios.

Santiago escribió en su epístola que no quería que el creyente le hablara tanto de su fe, sino que se lo mostrara. Necesitamos la clase de fe que cree las promesas de Dios, y las abraza. Esta fe va a traer a nuestras vidas el amor de Dios. Esta clase de fe es de suma importancia porque la Biblia dice que sólo hay tres cosas que permanecerán, a pesar de pruebas, luchas y tentación: La fe, la esperanza y el amor (ver 1 Corintios 13:13). Y sigue diciendo que la más grande de todas estas cualidades es el amor.

Como hablábamos en otra lección, si no tenemos la esperanza de ver a Cristo y de estar con Él por toda la eternidad, no vamos a andar bien en este mundo. Si uno está viviendo solamente para lo que pueda alcanzar en el presente, ¡Ay, de él! ¡Miserable de él! Toda su esperanza estará en el mundo presente.

Para el cristiano, estas no son las cosas por las cuales vivimos. Nuestra mirada siempre tiene que estar puesta sobre la vida eterna que gozaremos con Cristo. Sin esta esperanza de la vida eterna con Cristo no vamos a vivir bien, como para agradar al Señor, y no vamos a limpiarnos de la maldad que Satanás quiere sembrar en nuestras vidas.

¿Qué dice la fe? La fe dice que las promesas de Dios son verdaderas y Él es fiel. Entonces en medio de las tentaciones yo voy a abrazar las promesas de Dios, abriré mi libro de contabilidad espiritual para ver cómo estoy y allí dice que:

(1) yo estoy muerto al pecado (ver Romanos 6:11);

(2) el pecado no se enseñoreará de mí (ver Romanos 6:14);

(3) todas las cosas me ayudan a bien (ver Romanos 8:28);

(4) estoy crucificado juntamente con Cristo (ver Gálatas 2:20);

(5) ya no vivo yo sino que vive Cristo en mí (ver Gálatas 2:20).

Eso es la fe. Es leer, estudiar, aprender lo que Dios dice de nosotros como sus hijos y creer y aplicarlo a nuestra vida de manera personal y real.

Usted puede decir: "Yo no veo esto, y yo no siento aquello". Si usted está esperando sentir algo, estará esperando toda su vida. La fe no es el sentimiento ni la vista. La fe es creer en lo que no se ve, en lo que no puede tocar, oler o sentir. La fe se basa solamente en la Palabra de Dios.

Cuando uno está abrazando la Palabra de Dios y creyéndola, va a tener bastantes sentimientos buenos, pero vienen por medio de la fe y no por la duda ni el sentimiento. Así que, venderemos al mundo con nuestra fe, abrazando su palabra. Podremos orar diciendo: "Señor, estoy en pacto contigo. Tú prometiste a escribir tu ley en mi corazón. Voy a amar a este hermano, aunque me ofendió. Voy a amarle y perdonarle, y caminar en el amor".

¿Por qué digo todo esto? Porque si usted ama a su hermano, su trabajo va a salir bien, su noviazgo, su matrimonio, su ministerio va a salir bien, todo va a salir bien. Va a honrar a sus padres y gozará de una larga vida. Cuando andamos en el amor, andamos en Dios y es como andar al lado de Jesucristo, porque Dios es amor y todo va a salir bien. Todos nuestros problemas en la vida se presentan porque no andamos en el amor de Dios.

El plan del enemigo se dirige principalmente a destruir esto en nuestra vida. Él principalmente quiere sembrar algo en su corazón. Algo que produzca sentimientos de rencor, falta de perdón y odio contra su hermano. ¿Por qué trata tanto Satanás de hacer esto? Porque él sabe que cuando no andamos en el amor con nuestros hermanos, Dios mismo nos tiene que poner a un lado, no puede usarnos como quisiera.

Es cierto que Dios nos va a disciplinar y que va a tratar con nosotros, pero si no hay un arrepentimiento de nuestra parte, estamos todavía sobre el camino a la destrucción. Dios manda su Palabra y también manda a personas para hablarnos la Palabra. Pero si decidimos no responder a su voz y la Palabra de Dios, ¿sabe lo que pasa? Dios manda una disciplina, unos verdugos. No me malentienda. Dios nos ama, y así como un padre que disciplina a los hijos que ama, hace lo mismo. Manda la incomodidad, falta de paz, y estoy convencido que lo hace para hacernos reaccionar y regresar a sus caminos de perdón y amor. Dios nos ama demasiado como para permitirnos seguir en nuestros errores y falta de perdón. Hará todo para llevarnos a un lugar de bendición y no maldición.

Si usted llega a escuchar a alguien decir: "Soy cristiano, pero sigo tan miserable como antes y nada me sale bien". Me atrevería a decir que esta persona está bajo los verdugos y le están golpeando y maltratando. Quizá otro diga: ¿Por qué no tengo paz? Mi respuesta sería: Porque no les ha perdonado todas las ofensas a los demás y no hay amor en su vida. El amor no guarda rencor, y si no tiene esta clase de amor, uno va a guardar rencor por cualquier cosa. Si no aprendemos a perdonar—y la única manera de perdonar es andar en el amor—todo nos saldrá mal. Perdone y vivirá como vencedor en este mundo.

El amor no cuenta el número de las ofensas, sino que simplemente perdona todas las ofensas. Si es necesario perdonar 490 veces cada día, lo hace, y esto se refiere a la misma ofensa. Esto fue lo que Cristo nos dijo en Mateo 18:15-22. Son muchas veces, y dudo que alguien llegue a ofender en un mismo día de la misma manera tantas veces, pero la Biblia dice que si es necesario perdonar 490 veces al día, hay que hacerlo.

Lo que está diciendo el pasaje es que tenemos que perdonar todas las ofensas sin fijarnos en el número de ellas. Es más bien una actitud con la que tratamos a los demás. Una actitud de perdón incondicional y sin límite. Yo les estoy rogando, puede olvidar todo lo anterior, pero no olvide este principio de andar en el amor y el perdón. La prueba de amar a una persona descansa en su habilidad para perdonarle. Yo he notado algo: Si ando con poco amor para una persona es muy, muy, muy difícil perdonarla. Pero si ando con mucho amor para alguien, puedo perdonar sin dificultad, porque no es tan importante la ofensa.

Su fe se demostrará en la práctica del amor y el perdón, y la fe es lo que nos trae al nacimiento nuevo. Todo aquel que cree; esta palabra "creer" es más que solamente decir "Sí, yo creo en Jesús". El verdadero "creer" es poner su confianza y todo su peso sobre alguna cosa. La ilustración más clara que le puedo dejar tocante la fe es la de un circo que llegó a un pueblo. Se colocó un cable que extendía desde un extremo de la carpa grande hasta el otro. Hicieron el anuncio que un hombre atravesaría el cable empujando una carretilla por delante. Así que cuando el hombre que iba hacerlo ya estaba arriba en una plataforma con la carretilla para comenzar su hazaña en el cable, preguntó:

"¿Cuántos de ustedes creen que yo puedo llegar hasta el otro lado con la carretilla?".

Todos respondieron en alta voz: "¡Sí, tú puedes! ¡Camina!".

Luego el señor se fijó en uno de los que estaba brincando y gritando con más ánimo que los demás, y le preguntó directamente al señor: "¿Tú crees que puedo lograrlo?".

Con entusiasmo le respondió: ¡Sí, yo sé que tú puedes!".

"Entonces, súbete tú aquí a la carretilla,"—le contestó.

Pero, el hombre que había gritado con tanto ánimo, no quiso subir a la carretilla. Demostró que en el fondo, no tenía tanta confianza.

Esta es la lección: Si usted cree que Cristo puede salvarle y limpiarle de todos sus pecados, y darle una nueva vida, y que puede confiar en Él para suplir todas sus necesidades, entonces súbase a la carretilla. Ponga toda su confianza en Él.

Permita que Cristo sea el Guía de su vida. Es triste ver cuántas veces, nuestras vidas se dirigen por el dinero. Si hay dinero en algo, entonces queremos hacer lo que sea, pero si no hay dinero no lo vamos a hacer. No nos interesa mucho lo que dice Dios, queremos hacer lo que pensamos que es para nuestro propio provecho. No nos estamos subiendo a la carretilla de la fe.

Hace muchos años yo estaba trabajando en una compañía y salió mi supervisor para trabajar en otra compañía de petróleo. Las compañías de petróleo en aquel entonces se encontraban entre las compañías más estables de la economía de los Estados Unidos. Mi jefe me llamó ofreciéndome un puesto en el departamento de contabilidad de aquella compañía con él. El hombre era muy buena gente y me gustaba trabajar con él, y estaba ofreciéndome una mejor posición con otra empresa. Yo no hallaba qué hacer. Yo creía que era una oportunidad muy grande, pero cuando oré al respecto, el Señor me impresionó que yo no debería aceptarla.

En lo natural era una locura no aceptar porque era un puesto donde había mucha posibilidad de ganar más dinero y de ascender a una posición de autoridad. Después de mucha oración, decidí no aceptar la posición. Pero, vea lo que Dios hizo. Si yo hubiera cambiado de trabajo hubiera perdido mis vacaciones de ese año porque para tener vacaciones es necesario haber trabajado en la empresa por un año. Yo no quería perder mis vacaciones.

Ese año, durante mis vacaciones, fui a México en un viaje misionero y conocí a la Hna. Nola. Cuatro meses después nos casamos. Si hubiera tomado aquel trabajo, me hubiera perdido de todo eso. Dios sabía que yo no necesitaba buscar otro trabajo ni salir de la otra empresa. Fíjese que unos años después leí en el periódico que esa misma empresa había caído en bancarrota y tuvo que cerrar. Si yo hubiera ido a trabajar en aquella empresa, hubiera perdido mi cita con la Hna. Nola y con México, y no hubiera tenido trabajo tampoco. Es mejor dejarse guiar por el Espíritu Santo y no por nuestro entendimiento humano.

No me gusta ponerme como ejemplo porque es muy posible que yo haya desobedecido a Dios más que otros, pero lo que les quiero decir es que hay beneficios increíbles cuando obedecemos a Dios. No permita que ninguna cosa ni persona le gobierne, aparte del Espíritu y la voz de Dios.

Le quiero dejar otro ejemplo. Durante los años que era soltero, yo tuve muchas amigas, hermanas en Cristo, y me caían muy bien. Yo estaba buscando una esposa y siempre le presentaba al Señor las opciones que veía yo como posibles entre las jóvenes que conocía, pero cada vez que pensaba sobre la posibilidad de comenzar una relación más en serio con ella y quizá empezar hasta un noviazgo con alguna de ellas, siempre oraba primero. Le preguntaba al Señor: "¿Señor es ella?".

Y la respuesta siempre regresaba como una rotunda: "¡No!"

Esto sucedió no sólo una, sino muchas veces, y a lo largo de muchos años. La última vez que el Señor me dijo esto, fue cuando había llegado una señorita a la iglesia muy bonita, muy inteligente y más o menos de mi edad, y me agradaba bastante. Ella tenía buena reputación y parecía que era buena gente. Ella vivía en otra ciudad, y decidí escribirle una carta. El Señor no me dijo nada respecto de ella, ni un "sí", ni un "no". Cuando ella no respondió a mi carta, yo le escribí otra preguntándole si había manera de que yo la pudiera visitar. Otra vez el Señor no me dijo "no", pero no me dijo que "sí" tampoco. Esto sucedió hace más de 40 años y hasta el día de hoy aquella señorita no ha respondido a mis cartas, así que yo creo que su respuesta fue "no". Pero, ¡qué bueno que ella dijo que no, porque no era para compararse con Nola!

Permitámonos ser guiados por el Espíritu Santo.

> *Este es Jesucristo, que vino mediante agua y sangre; no mediante agua solamente, sino mediante agua y sangre. Y el Espíritu es el que da testimonio; porque el Espíritu es la verdad. Porque tres son los que dan testimonio en el cielo: el Padre, el Verbo y el Espíritu Santo; y estos tres son uno (1 Juan 5:6-7).*

Jesús vino por medio del agua y la sangre. Él no era una aparición, era un verdadero hombre y un verdadero hombre vive por su sangre y también es nacido no de una aparición, sino de una mujer. Todos nosotros sabemos que antes de su nacimiento, un bebé está en una bolsa de agua y esta bolsa se rompe cuando nace el bebé y sale el agua cuando nace el bebé. Cristo nació de agua y también tenía sangre. No era un ángel que apareció como un hombre.

La Biblia dice que hemos visto a los ángeles y que tienen la misma apariencia de un hombre. Los ángeles tienen la habilidad de aparecer como una persona, pero Cristo vino como una persona. Estos dos puntos son importantes. No es que solamente nació de María sino que nació de Dios también. Cristo es una verdadera persona; es un hombre.

Cuando estudiamos la Biblia podemos ver que Jesús es el Padre Eterno. También leemos en el primer capítulo del libro de San Juan lo siguiente: *"En el principio era el Verbo, y el Verbo era con Dios, y el Verbo era Dios"*. Luego en el verso 14 del mismo capítulo: *"Y aquel Verbo fue hecho carne, y habitó entre nosotros (y vimos su gloria, gloria como del unigénito del Padre), lleno de gracia y de verdad"*.

Entonces el Verbo es Cristo, el Padre es Dios manifestándose en Cristo, y también el Espíritu de Cristo es el Espíritu de Dios. Estos tres no son separados, son uno. Algunos me han dicho: "Hermano Francisco, ¡tenga cuidado! Va a negar al Padre". No, yo no estoy negando al Padre. Yo estoy recibiendo al Padre porque recibo a Cristo y si recibo a Cristo estoy recibiendo al Padre.

Quizá hay personas que han leído la Biblia y no entienden bien el misterio que es la revelación de Dios a través de Jesús.

Pero, ellos creen en Jesús como su único Salvador y lo han recibido como el Señor de su vida. Ahora, ellos son salvos y forman parte de la familia de Dios igual como nosotros. Pero, aquí estoy tratando de darles algo especial, que puede ser de luz a nuestras vidas para protegernos de las sectas que se están levantando por todos lados hoy día. Si usted cree en Jesús y que Él se levantó de los muertos; y también cree que Cristo está en el Padre, y que el Padre está en Cristo, y que son uno, usted puede tener la certeza de que esto le va a ayudar a luchar contra el enemigo y las doctrinas falsas.

El Espíritu Santo dará testimonio de la verdad de este gran misterio. Cuando estamos llenos de la presencia de Dios, será fácil discernir entre lo falso y lo verdadero porque Él da testimonio de lo verdadero. Esta es otra razón por la que el ser guiados por el Espíritu Santo es tan importante para nosotros como cristianos actuales. De otra manera será casi imposible poder saber quién habla verdad y quién mentira. Sólo manteniéndose pegado a la Palabra y a su Espíritu es que podrá gozar de completa claridad ante las enseñanzas y doctrinas.

LA VOLUNTAD DE DIOS

Y esta es la confianza que tenemos en él, que si pedimos alguna cosa conforme a su voluntad, él nos oye. Y si sabemos que él nos oye en cualquiera cosa que pidamos, sabemos que tenemos las peticiones que le hayamos hecho (1 Juan 5:14-15).

Todo mundo busca tener confianza en algo o alguien. Nosotros podemos tener plena confianza en nuestro Señor, porque es confiable. Pero también nos deja una clave en este pasaje: es necesario que pidamos según la voluntad de Dios. Hay veces cuando tenemos que someter nuestra voluntad a la voluntad de Dios y conformarnos a la voluntad de Dios. Nuestra idea de cómo pensamos que deberían ser las cosas, tiene que quedar al lado del camino. Tenemos que someter todas nuestras ideas y planes a la voluntad de Dios. En ocasiones, no es la voluntad de Dios contestar nuestra petición de la manera, o en el tiempo que nosotros pensamos, o queremos. Así que la clave está en que conozcamos la voluntad de Dios y oremos según esa voluntad.

Entre más tiempo pasa en su presencia, escudriñando su Palabra, más clara será su voluntad. Algunos han predicado que este pasaje sirve como una clase de fórmula para recibir todo cuanto pidamos. Esto no es verdad. Busquemos la voluntad de Dios y no busquemos aquellas cosas que satisfacen nuestros deseos carnales y contrarios a lo que establece la Biblia como su voluntad tanto para nosotros como para toda la humanidad.

Quiero terminar este estudio de 1 Juan con el siguiente pasaje:

> *Pero sabemos que el Hijo de Dios ha venido, y nos ha dado entendimiento para conocer al que es verdadero; y estamos en el verdadero, en su Hijo Jesucristo. Este es el verdadero Dios, y la vida eterna. Hijitos, guardaos de los ídolos. Amén (1 Juan 5:20-21).*

Creo que es bastante claro lo que nos dice este pasaje. Estamos completamente seguros que Jesús ha venido, y este acontecimiento hace posible nuestro conocimiento de lo que es verdadero. De hecho, llegamos a estar en el verdadero, Jesús. Cuando captamos este mensaje tan sencillo, pero al mismo tiempo poderoso, podremos gozar de la vida eterna que Él nos dará y nada ni nadie nos arrebatarán de la verdad que es Dios mismo.

Y Juan termina con una palabra muy sabia: Guárdense de ídolos. O sea, guárdense de cualquier cosa que se quiera colocar en el lugar que solamente Dios debe ocupar en nuestro corazón, mente, emociones, palabras y acciones. Una infinidad de cosas o personas pueden llegar a tomar un lugar que sólo Dios tiene el derecho de ocupar en nuestra vida. Dios siempre habla de la idolatría como el pecado más deplorable porque lo asemeja al adulterio espiritual. Cuando entramos en el pacto del matrimonio y después rompemos ese pacto cometiendo adulterio, es como cuando entramos en un pacto espiritual con Dios y después nos vamos detrás de otros dioses, cometiendo adulterio espiritual. Esta advertencia es de las más serias que nos puede dar un padre espiritual como el apóstol Juan.

Tenemos que estar siempre conscientes del peligro de doblar nuestra rodilla ante lo que este mundo ofrece como un substituto para el Dios omnipotente y todopoderoso que ha llegado para llevarnos a toda verdad.

Guárdense en amor y en la verdad de una adoración pura y sin substitutos.

NOTAS

1. Todos estos relatos y más de todo lo que Jesús hizo, se pueden leer en los Evangelios.

EQUÍPATE CON EL
ARMA MÁS PODEROSA

CARACTERÍSTICAS Y BENEFICIOS

- Versión Reina-Valera 1960 (la versión de la Biblia más leída en español).

- Incluye materiales adicionales de estudio, escritos por más de veinte líderes y autores cristianos de renombre.

- Provee información práctica para prepararte y equiparte en la guerra espiritual.

- Contiene herramientas de entrenamiento para la guerra espiritual, tanto para el estudio individual así como para grupos pequeños.

- Incluye referencias y mapas a color.

La *Biblia para la guerra espiritual*, te ayudará a prepararte y equiparte como un guerrero espiritual